小中学生のための初めて学ぶ著《ちょ》作《さく》権《けん》

新装改訂版

岡本 薫

元 文部科学省著作権課長
同学習情報課長

朝日学生新聞社

本書は、二〇一一年に発売した『小中学生のための 初めて学ぶ著作権《ちょさくけん》』を、二〇二二年一月一日時点で施行されている著作権法《ちょさくけんほう》改正までを採り入れて、内容を一部改訂《かいてい》し、装丁も新しくしたものです。

目次

第1章

「社会のルール」について考えてみよう

第2章

まず「著作権《ちょさくけん》のルール」を知ろう①
～どんな権利《けんり》があるの？～

第3章 まず「著作権《ちょさくけん》のルール」を知ろう②
～だれが著作権《ちょさくけん》を持つの？～

第5章 ルールを「使いこなせる」ようになろう　～みなさんは「自由」を使いこなせるか～

第1章

「社会のルール」について考えてみよう

第1話

「社会のルール」はなぜ必要なの？

最近「著作権《ちょさくけん》」ということばを耳にすることが多くなりましたね。

この本では、三十話にわたり、この著作権《ちょさくけん》というものについて、みなさんにわかりやすくお話ししていきます。

著作権《ちょさくけん》というものは、昔は「一部の業界」で働く「一部のプロの人々」だけが、知っていればよいものでした。つまり、「作る人々」（著作権《ちょさくけん》を持つ人々）についていえば、作曲家・小説家・写真家などで、「使う人々」についていえば、出版社《しゅっぱんしゃ》・放送局・レコード会社などの人々です。

しかし、多くの人々が、コピー機・インターネット・パソコン・スマートフォンなどを使うようになってきたため、著作権《ちょさくけん》について知ることは、「すべての人々」にとって必要になりました。

これらの機器は、「他人の作品を使うこと」にも使えますが、「自分の作品を作り出すこと」にも使えます。つまり、すべての人々が、「作る人」の立場に立つと同時に、「使う人」の立場にも立つようになったのです。

自動車の数が少なかった時代には、交通ルールは「プロの運転手」だけが知っていればよかったが、多くの人々が車を持つようになると、みんなが交通ルールを知らなければならない——というのと同じですね。

著作権《ちょさくけん》というものも、「交通ルール」と同じように、「社会のルール」（人々が共に生活していく上で必要な決まり）の一つです。

そこで今回はまず、この「社会のルール」というものについて、お話ししましょう。

自由と自由がぶつかると人々の「行動」に関するルールが必要になる

よく「人はすべて生まれながらにして自由だ」といわれますね。そのとおりなのですが、ではなぜ、「人を殺す自由」や「万引きする自由」はないのでしょうか。

それは、「他《ほか》の人々」にも自由があり、自由を望むのは「おたがいさま」だからです。他《ほか》の人々は「殺されずに自由に生きたい」とか「自分の物は他人に盗《ぬす》まれたくない」と思っています。

あなた自身も、いきなり殺されたり、自分の物を他人に盗《ぬす》まれたりはしたくないですよね。もし「殺す自由」や「盗《ぬす》む自由」を認《みと》めてしまったら、あなた自身も「いつ殺されるかわからない」ということになってしまうのです。

そのため人々は、長い間かけて、さまざまな「社会のルール」を作ってきました。例えば、おたがいに「殺してはいけない」とか「盗《ぬす》んではいけない」といったルールです。このように、「社会のルール」は、多くの人々が共に生活する「社会」というものがある場合に、必要なものです。ですから、「無人島に一人」という場合には、ルールは必要ありません。自由に行動すればよいのです。

しかし、「無人島に二人」になると、その二人の自由と自由が、ぶつかり合います。二人とも、「自分が望む場所に自由に寝《ね》たい」とか「自分がいつでも自由に果物を取りたい」などと思っているからです。

そうなると、「二人のルール」が必要になりますね。例えば、「腹《はら》が立っても暴力《ぼうりょく》は禁止《きんし》」といったルールです。

ここで注意しなければいけないことは、「心の中」で「何を思うか」ということと、「行動」として「何をするか」ということは、全く別だということです。

「心の中」は、いつも完全に自由です。極端《きょくたん》にいえば、どんな悪いことを想像《そうぞう》してもかまいません。しかし「行動」の方は、「ルール」に従《したが》う必要があります。このように、「社会のルール」は、人々の「行動」についてのものです。

例えば、学校で、「この子をいじめたい」と思うことがあるかもしれません。**「心の中」**でそう思うのは自由です。しかし、**「行動」**としては、いじめは絶対《ぜったい》にダメです。それは、「ルール違反《いはん》の行動」だからです。

そうした「社会のルール」は、昔は王様が決めていましたが、今では多くの国が、「民主主義《みんしゅしゅぎ》」で決めています。簡単《かんたん》にいえば、人々が選挙で選んだ「国会議員」たちが、国会で「多数決」をして、「法律《ほうりつ》」として決めるのです。

「自由」と「民主主義《みんしゅしゅぎ》」の関係は、人は本来すべて「自由」だが、例外的に（行動について）「自由を制限《せいげん》する」場合には、その制限《せいげん》に関する「社会のルール」は「民主主《みんしゅしゅ》義《ぎ》」で作る――ということです。

自由の方が原則《げんそく》なので、「民主主義《みんしゅしゅぎ》と自由」ではなく「自由と民主主義《みんしゅしゅぎ》」というのです。

人の行動には「三種類」しかない

「心の中」はいつも完全に自由ですが、「行動」については「社会のルール」があるため、人の「行動」は、次の三種類に分かれます（三種類しかありません）。

① してはいけないこと
② 自由であること
③ しなければいけないこと

これらのうち①と③は、「社会のルール」で決められています。例えば①は、殺人・盗《ぬす》み・暴力《ぼうりょく》などですね。また、③の例は「赤信号では止まる」といったことです。

ルールで決められていないことは、すべて②であり、みなさんの自由です。

ところが日本では、各人の自由であるはずの②に属《ぞく》する行動について、他人の行動に文句《もんく》を言うような人が少なくありません。例えば、ルール違反《いはん》でない（②にふくまれる）行動について、「あれはモラル違反《いはん》だ」などと言う人がいます。

「モラル」とは、人それぞれが、「心の中」で「何を道徳的《どうとくてき》に正しいと思うか」ということです。ですから、各人の多様な個性《こせい》によって、当然それぞれの考え方がちがいます。

「心の中」の「モラル感覚」は自由なので「モラル違反《いはん》」はあり得ない

ルールで決められていない「自由であること」について、各人が何を「正しい」と感じるかが、「道徳観《どうとくかん》」とか「モラル感覚」と呼《よ》ばれているものです。

それは、人それぞれの「心の中」の問題なので、何を「正しい」と感じるかは、各人の自由です。ですから「ルール違反《いはん》」ということはあっても、「モラル違反《いはん》」ということはあり得ません。

他人に「モラル違反《いはん》だ」などと言う人は、「わたしのモラルとちがう」「わたしは気に入らない」と言っているだけなのです。この「心の中のモラル感覚」と「行動についてのルール」を区別できない人が多い――というのが、実は日本人の特徴《とくちょう》です。

モラルや道徳《どうとく》は、「宗教《しゅうきょう》」と深く関係していますが、アメリカのように、キリスト教徒・イスラム教徒・仏教徒《ぶっきょうと》・ヒンズー教徒などが住んでいる国では、人の「心の中」

は、バラバラで当然です。

例えば、「ブタを食べてよいか」「ウシを食べてよいか」など、モラルや道徳《どうとく》について話し合っても、絶対《ぜったい》に共通の結論《けつろん》は出せません。このため、「自由であるモラル感覚」と「ルールに従《したが》うべき行動」は、しっかり区別されているのです。

ところが日本には、「個性化《こせいか》・多様化」（心もバラバラになっていくこと）を進めようと言っていながら、また、「モラル感覚」もふくむ「文化」がちがう外国人も増《ふ》えているのに、まだ「全員が同じ心を持っているはずだ」と思っている人が多いのです。

みなさんは、そうならないように気をつけてください。

心の中 ―― **常に自由**

行　動（3通りある）
- ① してはいけないこと
- ② 自由であること
- ③ しなければいけないこと

①・③は「社会のルール」で決める

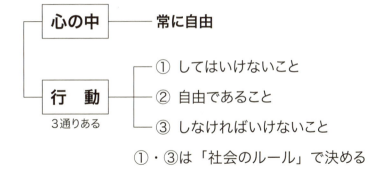

第2話

「権利《けんり》」って何？

著作権《ちょさくけん》とは、世の中で一般《いっぱん》に「コンテンツ」と呼《よ》ばれるもの（動画・静止画・音楽・文章・ゲームソフトなど）を「作った人」に、「権利《けんり》」をあたえる――という「社会のルール」です。ここでは、この「権利《けんり》」というものについて、お話ししましょう。

「自由な行動」についても「社会のルール」がある

第1話でお話ししたように、人の「行動」には、次の三種類しかありません。

①してはいけないこと

② 自由であること

③ しなければいけないこと

これらの三つと「権利《けんり》」とは、どのような関係になっているのでしょうか。国語のテストで、「権利《けんり》の反対語は何か?」という問題が出たら、答えは「義務《ぎむ》」ですね。この「義務《ぎむ》」が、①と③に対応《たいおう》しています。①は「しない義務《ぎむ》」がある行動であり、③は「する義務《ぎむ》」がある行動です。

これに対して、反対語である「権利《けんり》」の方は、②に関係しています。ところで、だれかが②にふくまれる「自由な行動」をしたとき、他《ほか》のだれかが、「それは迷惑《めいわく》だからやめてくれ」と、文句《もんく》を言ってくる場合がありますね。その行動によって「みんなが迷惑《めいわく》する」なら、法律《ほうりつ》(社会のルール)で、①の「してはいけないこと」にしてしまえばいいのですが、「一部の人だけが迷惑《めいわく》する」という場合があります。

そうした場合にモメないようにするには、②にふくまれる「自由な行動」の中で、「他人が迷惑《めいわく》だと言ってもやってよい行動」を、法律《ほうりつ》(社会のルール)でしっかり決めておくことが必要です。

このように、①・③だけでなく、②についても「社会のルール」が必要である場合があるわけです。

②にふくまれる「自由な行動」の中で、「他人が迷惑《めいわく》だと言ってもやってよい行動」を法律《ほうりつ》（社会のルール）で決めることを、「権利《けんり》をあたえる」と言うのです。

例えば、「言論《げんろん》の自由」という「権利《けんり》」が、すべての人々にあたえられています。「言論《げんろん》の自由」という権利《けんり》を持っているということは、「法律《ほうりつ》によって①とされていること」＝「言ってはいけないこと」（例えば他人の名誉《めいよ》を傷《きず》つけるようなこと）以外は、「何でも言ってよい」ということを意味しています。

例えば、新聞社が、新聞記事で総理《そうり》大臣を批判《ひはん》することは、総理《そうり》大臣から見れば「迷《めい》惑《わく》なこと」でしょう。「それでも言っていいのだ」というのが、「言論《げんろん》の自由」という権利《けんり》がある――ということなのです。

このように、「権利《けんり》がある」とか、「憲法《けんぽう》や法律《ほうりつ》で権利《けんり》があたえられている」ということは、簡単《かんたん》に言うと、「他人に迷惑《めいわく》をかけてもよい場合だ」ということを意味しているわけです。

本来は、他人にはできるだけ迷惑《めいわく》をかけない方がよいのでしょうが、例外的に「迷《めい》惑《わく》をかけてよい」と法律《ほうりつ》で定められている場合が「権利《けんり》がある」という場合なのです。

日本人の多くは「権利《けんり》」の意味をまだ理解《りかい》できていない

多くの大人たちは、子どもたちに対して常《つね》に、「他人に迷惑《めいわく》をかけるな」と言いますね。しかしそれは、「権利《けんり》というもの自体を、まだよく理解《りかい》できていない」からでしょう。その背景《はいけい》には、二つの理由があると思われます。

第一は、日本という国が、「同質性《どうしつせい》が高い」ということです。他《ほか》の多くの国々と比《くら》べると、大陸から離《はな》れた島国である日本には、歴史的に見ても、比較的《ひかくてき》「同じような人々」が暮《く》らしてきました。

また、二千年にわたって日本の産業・経済《けいざい》の中心だった「水田耕作《すいでんこうさく》」では、村の中で「和を保《たも》つ」ことが非常《ひじょう》に重要です。

このため日本人は、「みんな同じ心を持っているはずだ」とか「他人に迷惑《めいわく》をかけることはすべて悪だ」と考えるような文化を持つようになりました。

第二は、日本では、「自由」とか「民主主義《みんしゅしゅぎ》」とか「権利《けんり》」といったものが、革命《かくめい》によって（下から）勝ち取られたものではなく、敗戦によって（上から）あたえられたものだった——ということです。

例えばフランスでは、フランス革命《かくめい》によって王制《おうせい》が打倒《だとう》されましたが、その後さまざまな「やりすぎ」があり、多くの「修正《しゅうせい》」も行われてきました。一時は「王政復古《おうせいふっこ》」が起きたり、ナポレオンが「皇帝《こうてい》」になったりもしました。外国との戦争もあれば、国内での大虐殺《だいぎゃくさつ》もありました。

そうしたさまざまな苦労を経《へ》て、「どの程度《ていど》の自由」「どのような民主主義《みんしゅしゅぎ》」「どの程《てい》度《ど》の権利《けんり》」がよいのか——といったことについて、長い年月にわたり、試行錯誤《しこうさくご》がくり返されてきたのです。

それに対して日本は、そうした経験をせず、一九四五年の敗戦後に、いきなり「自由と民主主義《みんしゅしゅぎ》」の国になってしまいました。このため、多くの人々が、「自由」や「民《みん》主主義《しゅしゅぎ》」や「権利《けんり》」といったものの意味を、完全には理解《りかい》できていないのです。こうしたことのために、日本では、「権利《けんり》があるとは、他人に迷惑《めいわく》をかけてよいということだ」と言うと、違和感《いわかん》を持つ人が多いようです。

では、「みなさんの保護者《ほごしゃ》の方が、休暇《きゅうか》を取って会社を休む」という場合を考えてみましょう。

「権利《けんり》がある」＝「他人に迷惑《めいわく》をかけてもよい場合」

会社などで働く労働者には、法律《ほうりつ》（社会のルール）によって、「休暇《きゅうか》を取る権利《けんり》」があたえられています。このため社員は、その権利《けんり》を使って、会社に対して「明日は休みます」と言うことができます。

そう言われたら、会社側は「迷惑《めいわく》する」ことになりますね。いそがしいのに休まれてしまうからです。「それでも（会社が迷惑《めいわく》だと言っても）休暇《きゅうか》を取ってよい」というのが、この「休暇《きゅうか》を取る権利《けんり》」というものなのです。

それに対して、会社側には、「休暇《きゅうか》の時期を変えさせる権利《けんり》」があたえられています。例えば、「明日はいそがしいので、あさってにしてくれ」と言える権利《けんり》です。

そう言われたら、「明日は休もう」と思っていた社員は、「迷惑《めいわく》する」ことになりますね。それでも（社員が迷惑《めいわく》だと言っても）「時期を変えろと言ってよい」というのが、この「休暇《きゅうか》の時期を変えさせる権利《けんり》」なのです。

これから徐々《じょじょ》に説明していく著作権《ちょさくけん》というものも、そうした「権利《けんり》」の一つであり、著作権法《ちょさくけんほう》という法律《ほうりつ》によって、すべての人々にあたえられているものです。

その中には、例えば、「わたしがとった写真を、勝手にネット配信しないでくれ」と

3月3日に
変更《へんこう》して下《くだ》さい
3月2日に
休《やす》みを下《くだ》さい
会社《かいしゃ》
労働者《ろうどうしゃ》
休暇《きゅうか》の時期《じき》を変《か》えさせる権利《けんり》
休暇《きゅうか》を取《と》る権利《けんり》

言える権利《けんり》がふくまれます。この権利《けんり》を行使すると、「世の中の人たちは見たいと思っているんです。あなたは他人の迷惑《めいわく》を考えないのですか」などと反論する人がいます。日本人の多くは「他人に迷惑《めいわく》をかける」ことはすべて悪だと思っているので、こうしたおかしなことを言う人がいるのですが、法律《ほうりつ》で「権利《けんり》」があたえられているということは（例外的に）「他人に迷惑《めいわく》をかけてもよい場合」なのだということを、よく理解《りかい》しておいてください。

第3話

「情報《じょうほう》」についてのルールとは？

著作権《ちょさくけん》とは、「コンテンツを作った人」に「権利《けんり》」をあたえるという「社会のルール」であり、国会が「著作権法《ちょさくけんほう》」という法律《ほうりつ》で定めたルールです。

本・CD・DVD・ウェブサイトなどから得られる「コンテンツ」（動画・静止画・音楽・文章・ゲームソフトなど）は、「情報《じょうほう》」の一種ですので、少し広く、「情報《じょうほう》」に関する法律《ほうりつ》ルールから、話を始めましょう。

世の中には、「コンテンツ」以外の形の情報《じょうほう》に関する法律《ほうりつ》ルールも、いろいろあるからです。ちょっと例を見てみましょう。

【個人情報《こじんじょうほう》】

住所・電話番号・メールアドレスなど、自分の個人情報《こじんじょうほう》が無断《むだん》で使われてしまう場合には、「やめてくれ」と言える権利《けんり》があります。

【プライバシー】

学校での成績《せいせき》など、他人には知られたくない個人《こじん》の秘密《ひみつ》が無断《むだん》で流されてしまう場合には、「やめてくれ」と言える権利《けんり》があります。

【名誉《めいよ》】

自分の名誉《めいよ》を傷《きず》つける情報《じょうほう》が流されてしまう場合には、「やめてくれ」と言える権利《けんり》があります。

【肖像《しょうぞう》】

自分の顔写真が無断《むだん》で使われてしまうような場合には、「やめてくれ」と言える権利《けんり》（肖像権《しょうぞうけん》）があります。

【企業秘密《きぎょうひみつ》】

会社の営業《えいぎょう》上の秘密《ひみつ》が無断《むだん》で流されてしまう場合には、「やめてくれ」と言える権利《けんり》があります。

【コンテンツ】

自分が作ったコンテンツが、無断《むだん》でコピーされたり、ネット配信されたりしてしまう場合には、「やめてくれ」と言える権利《けんり》（著作権《ちょさくけん》）があります。

これらに共通するのは（その情報《じょうほう》を使おうとしている人にとっては迷惑《めいわく》であっても）「無断《むだん》でするのはやめてくれ」と言える――という「権利《けんり》」が、人々にあたえられていることですね。

そうした権利《けんり》があたえられている状態《じょうたい》のことを、「保護《ほご》されている」といいます。例えば、「個人情報《こじんじょうほう》は、法律《ほうりつ》で保護《ほご》されている」とか「コンテンツは、法律《ほうりつ》で保護《ほご》されている」という言い方です。

なぜ「保護《ほご》」と呼《よ》ぶかというと、例えば、自分の名誉《めいよ》を傷《きず》つける情報《じょうほう》がネットに流されてしまった場合、流した人を警察《けいさつ》や裁判所《さいばんしょ》に「訴《うった》えることができる」からです。

そこから先は、警察《けいさつ》や裁判所《さいばんしょ》など、「国家の機関」が、権利者《けんりしゃ》を守るために、侵害者《しんがいしゃ》に対応《たいおう》してくれますので、国が「保護《ほご》している」ということになるわけです。

こうした「情報《じょうほう》に関する法律《ほうりつ》ルール」の一つが、「著作権《ちょさくけん》」というものです。

保護《ほご》されているものは「コンテンツ」であり、権利《けんり》を持つ人とは、「それを作った人」です。

情報《じょうほう》については、前に書いたように、その種類ごとにいろいろなルールがあって、なんだかややこしいですね。それぞれのルールを決めている法律《ほうりつ》も、個人情報保護法《こじんじょうほうほごほう》、民法《みんぽう》、刑法《けいほう》、不正競争防止法《ふせいきょうそうぼうしほう》、著作権法《ちょさくけんほう》など、いろいろなものがあって、実は、大人でもしょっちゅうまちがっています。

本来は、「情報法《じょうほうほう》」という一つの法律《ほうりつ》にして、ルールも一本化・単純化《たんじゅんか》した方がいいのですが、さまざまな事情《じじょう》でルールが別々に作られてきたので、国際《こくさい》ルール（条約《じょうやく》）でも、情報《じょうほう》ルールはバラバラになっています。

「将来《しょうらい》の法律《ほうりつ》ルールはどのようなものがいいのか？」ということは、日本は民主主義《みんしゅしゅぎ》の国なのですから、みなさん自身がよく考えて、大人になったらそれを行動に移《うつ》してください。民主主義《みんしゅしゅぎ》の国では、「社会のルール」（法律《ほうりつ》）は、国民の意見によって変えることができるのです。

「使うこと自体が悪」なのではない――了解《りょうかい》を得ればいいだけ

ここで、非常《ひじょう》に重要なことを、二つ追加でお話ししておきましょう。

著作権《ちょさくけん》もふくめて、これらの情報《じょうほう》ルール（権利《けんり》）は、事前に「**無断《むだん》で**使うのはやめてくれ」と言えると同時に、もし**無断《むだん》で**使われてしまったら、事後に「警察《けいさつ》や裁判所《さいばんしょ》に訴《うった》えることができる」というルールです。

これは、第一に、「了解《りょうかい》を得て使えば問題ない」ということを意味しています。例えば、著作権《ちょさくけん》の場合、「本を丸ごと一冊《さつ》コピーするのは悪いことだ」と思っている人がいますが、これはまちがいです。「著者《ちょしゃ》の了解《りょうかい》」を得れば、問題ないからです。つまり、「他人が作ったものをコピーすること自体が悪だ」ということではないのです。もしそれが悪なら、「他人が作ったものをコピーすること」はすべて、以前に人の行動を三分類したうちの「①してはいけないこと」にされているはずです。

「法律《ほうりつ》で保護《ほご》されている」とは、あくまでも、「無断《むだん》で使うと、権利者《けんりしゃ》は、警察《けいさつ》や裁《さい》判所《ばんしょ》に訴《うった》えることができる」＝「権利者《けんりしゃ》の了解《りょうかい》を得れば問題ない」ということなのです。このことを、よく理解《りかい》しておいてください。

日本ではこのことがよく理解《りかい》されていないために、例えば個人情報《こじんじょうほう》についても、個《こ》人情報保護法《じんじょうほうほごほう》ができたときに、「学校の緊急《きんきゅう》電話連絡網《れんらくもう》」を廃止《はいし》した学校がありました。この対応《たいおう》はまちがっています。

「電話番号という個人情報《こじんじょうほう》を連絡網《れんらくもう》にのせる」という行動は、二〇〇五年に個人情報《こじんじょうほう》保護法《ほごほう》ができた時に、保護者《ほごしゃ》たちに「無断《むだん》ではできない」ことになりました。しかし、保護者《ほごしゃ》たちの中には、それを「了解《りょうかい》する人」も「しない人」もいるでしょうから、「了《りょう》解《かい》する人」だけを対象に、連絡網《れんらくもう》を維持《いじ》すればいいのです。「連絡網《れんらくもう》に個人情報《こじんじょうほう》をのせることと自体が悪」ではないからです。

「了解《りょうかい》しない人」については、緊急時《きんきゅうじ》には、学校が一軒《けん》一軒《けん》電話していくので、「個《こ》人情報《じんじょうほう》がもれない」代わりに「連絡《れんらく》はおそい」——ということになるだけです。どちらを選ぶかは「本人の自由」であり、「自分で選べる」ということが、個人《こじん》の「権利《けんり》」というものの特徴《とくちょう》なのです。

無断《むだん》で使われた場合に訴《うった》えるか訴《うった》えないかは自由

第二に、「訴《うった》えることが**できる**」ということは、「訴《うった》えなくてもよい」ということも意味しています。

人によっては、「個人情報《こじんじょうほう》やプライバシーが流された方が、有名になれるからうれしい」と思うかもしれません。また、デビュー間もないシンガー・ソングライターは、「自分の作品が無断《むだん》でコピーされたりネット配信されたりした方が、多くの人々に知ってもらえる」と思うかもしれません。

したがって、他人のコンテンツを使いたい人は、「この人は多分訴《うった》えないだろう」と思うのであれば、「無断《むだん》で使う」という判断《はんだん》をしてもかまいません。しかし、「訴《うった》えられるかもしれない」ということは、覚悟《かくご》しておかなければならないのです。

テレビ番組を注意深く見ていると、「テレビ局は、これを放送することについて、おそらく権利者《けんりしゃ》の了解《りょうかい》を得てはいないだろう」と思える部分がかなりあることに気づきます。テレビ局が、「多分訴《うった》えないだろう」という判断《はんだん》をしているのです。

逆《ぎゃく》に、著作権《ちょさくけん》を持つ人にとっては、「訴《うった》えることができる」ということは、「自分で訴《うった》え出なければ、だれも助けてはくれない」ということを意味しています。

したがって、「無断《むだん》で使われるのはイヤだ」と思う人は、「わたしはイヤです。やめてください」とはっきり言う勇気を持ち、また、警察《けいさつ》や裁判所《さいばんしょ》に行く覚悟《かくご》を持つことが必要なのです（このことについては、第29話でくわしくお話しします）。

これらのことからわかるように、「人の権利《けんり》」については、「権利《けんり》を持つ人」も「権《けん》利《り》の対象になっているものを使おうとする人」も、「自分の行動は自分で選び、その結果については自分で責任《せきにん》を取る」ということが必要なのです。

情報のルールで守られるもの

保護されるもの

- 個人情報
- プライバシー
- 名誉
- 肖像
- 企業秘密
- コンテンツ ← これを守るのが著作権
- その他（通信の秘密など）

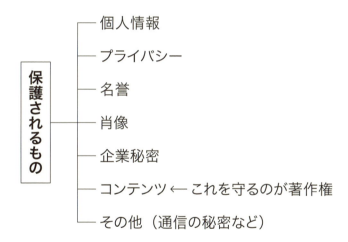

第4話

みなさんに何を学んでほしいか？

これまでの三話で、「社会のルール」というもの、「権利《けんり》」というもの、「情報《じょうほう》に関する法律《ほうりつ》ルール」というもの（その一部としての著作権《ちょさくけん》）について、簡潔《かんけつ》にお話ししてきました。

ここでは、この本の中で、著作権《ちょさくけん》というものについて、みなさんにどんなことを学んでいただこうとしているか、その全体像《ぜんたいぞう》をお示《しめ》ししておきたいと思います。

この本では、みなさんに次の三つのことを学んでいただきたいと思っています。

一　現在《げんざい》の法律《ほうりつ》ルールを「知る」こと

二　現在《げんざい》の法律《ほうりつ》ルールを「使いこなす」こと

①　自分の判断《はんだん》で「責任《せきにん》ある契約《けいやく》ができる」こと

②　自分の判断《はんだん》で「自分を守るための行動ができる」こと

三　「法律《ほうりつ》ルールを変えていく」ために自分の頭で考えること

法律《ほうりつ》ルールを「知る」こと

第一は、「現在《げんざい》の法律《ほうりつ》ルール」を「知る」ということです。全く新しい課題については、「どのようなルールを作るべきか？」ということをゼロから考える必要があります。

しかし、著作権《ちょさくけん》の場合は、すでに著作権法《ちょさくけんほう》という社会のルールができています。したがってみなさんは、まずそれを学ぶ（知識《ちしき》として知る）ことから始めなければなりません。

みなさんに学んでいただきたい、あるいは、考えていただきたいテーマは、前に書いたように三つあるのですが、実はこの本では、この一番目が大部分をしめることになります。すでに存在《そんざい》している法律《ほうりつ》ルールが、いろいろあるからです。

例えば、「保護《ほご》されるもの」は何なのか――ということがありますね。

著作権《ちょさくけん》は、「自分が作ったもの」を無断《むだん》で「使おう」としている人に、事前に「やめてくれ」と言うことができる権利《けんり》です。

また、すでに「使ってしまった人」を、後から「警察《けいさつ》や裁判所《さいばんしょ》に訴《うった》えることができる」という権利《けんり》でもあります。

つまり、「自分が作ったもの」を、「無断《むだん》で使われない権利《けんり》」ということですね。

しかし、その「もの」とは何でしょうか。

例えば、「自分が作って美しく盛《も》りつけたサラダ」を、だれかが無断《むだん》で写真撮影《さつえい》してブログにのせたら、著作権侵害《ちょさくけんしんがい》として、警察《けいさつ》や裁判所《さいばんしょ》に訴《うった》えることができるのでしょうか。

つまり、まず、著作権《ちょさくけん》で保護《ほご》される「もの」について、知っていただく必要があります。これについては、第6話と第7話で、くわしくお話しします。

次に、「無断《むだん》で使われない権利《けんり》」という場合の「使う」とは、いったいどういうことを意味しているのでしょうか。

例えば、毎日、たくさんの子どもや大人がマンガや小説などを読んでいますね。マンガや小説の著者《ちょしゃ》も、著作権《ちょさくけん》を持っていますが、それを読んでいる日本中のすべての人が、毎日「この本を読んでもいいですか？」と著者《ちょしゃ》に電話しているわけではないでしょう。

つまり、本を「読む」とか、音楽を「聞く」とか、絵・写真・映画《えいが》などを「見る」といった行為《こうい》（全部まとめて「知覚する」といいます）には、著作権《ちょさくけん》はおよんでいない（無《む》断《だん》でしてもよい）のです。

では、どのような「使い方」について、著作権《ちょさくけん》はおよんでいるのでしょうか。そうしたことも、後でくわしくお話ししていきます。

法律《ほうりつ》ルールを「使いこなす」こと

第二は、「現在《げんざい》の法律《ほうりつ》ルール」を「使いこなす」ということです。
これには二つありますが、一つ目は、自分の判断《はんだん》で責任《せきにん》を持った**「契約《けいやく》」**ができるということです。

「無断《むだん》で使われない権利《けんり》」があるということは、逆《ぎゃく》にいうと、「使ってもいいですよ」

と言って、「了解《りょうかい》をあたえることができる」ということですね。

したがって、「使いたいので了解《りょうかい》してくれ」と言う人が来たときに、「どんな条件《じょうけん》で、だれが、どのような使い方で、何を目的に、どこで、どの程度《ていど》、どれくらいの期間」といったことについて、しっかり「契約《けいやく》」をできることが必要です。

これは、自分が「権利者《けんりしゃ》」（了解《りょうかい》をあたえる人）である場合も、「利用者」（了解《りょうかい》を得て使う人）である場合も、同様に重要です。

契約《けいやく》というのは、大人の人たちがむずかしい契約書《けいやくしょ》を作ってハンコをおすもの――と思っていませんか。実はそうではないのです。

例えば、Aさんが撮影《さつえい》した写真については、Aさんが著作権《ちょさくけん》を持っているので、他人は、無断《むだん》では使えません。

そこで、BさんがAさんに、「キミの写真をブログに使いたいんだ。今度アイスクリームをおごるから、使わせてよ」と言ったとします。それに対してAさんが「いいよ」と言ったら、契約書《けいやくしょ》という紙はなくても、そこでもう、「契約《けいやく》」が成立しているのです。

大人でも、株《かぶ》とか土地などについて、「口約束」でウッカリいいかげんな契約《けいやく》をしてしまい、大変な目にあった人が（特に日本では）多いのですが、そうしたことについて注意すべきことを、後でお話ししたいと思います。

二つ目は、**「自分を守るための判断《はんだん》と行動」**ができる、ということです。

具体的にいえば、無断《むだん》で使われた（著作権《ちょさくけん》を侵害《しんがい》された）ときに、「警察《けいさつ》に訴《うった》え出る」とか「裁判《さいばん》を起こす」ということについて、しっかりと判断《はんだん》して行動できる——ということです。

すでにお話ししたように、「著作権《ちょさくけん》を持っている」とは、自分が作ったコンテンツが無断《むだん》で使われたときに、「相手を警察《けいさつ》や裁判所《さいばんしょ》に訴《うった》えることができる」ということを意味しています。

これは、逆《ぎゃく》にいうと、「作者自身が訴《うった》え出なければ、何も起こらない」ということも意味しているのです。

したがって、権利者《けんりしゃ》はまず、「訴《うった》えるか、訴《うった》えないか」ということを、自分の責任《せきにん》で判断《はんだん》しなければなりません。「訴《うった》えた場合」も「訴《うった》えなかった場合」も、それぞれ「得るもの」と「失うもの」がありますので、よく考えて判断《はんだん》することが必要です。

また、「訴《うった》える」場合には、自分の身は自分で（権利《けんり》を活用して）守る——という強い覚悟《かくご》が必要です。そうしたことについても、後でお話しします。

「法律《ほうりつ》ルールを変えていく」こと

第三は、「法律《ほうりつ》ルールを変えていく」ために自分の頭で考える——ということです。

日本は民主主義《みんしゅしゅぎ》の国ですので、社会の法律《ほうりつ》ルールは（国会議員の選挙と国会での多数決を通じて）国民が決めることができます。

つまり、今ある法律《ほうりつ》ルールも、国民の多くが同じ考えを持てば、変えることができるわけです。

そのためには、みなさんの一人ひとりが、今のルールを、そのまま「正しいもの」とは思わずに、自分の頭でしっかりと考え、「将来《しょうらい》の社会のルールはどうあったらよいのか？」ということについて、自分の意見を持たなければなりません。

この点については、この本の最後の方でお話ししたいと思います。

この本から学んでほしいこと

1 現在の法律ルールを「知る」こと

2 現在の法律ルールを「使いこなす」こと
① 自分の判断で責任ある契約ができること
② 自分を守るための判断と行動ができること

3 「法律ルールを変えていく」ため自分で考えること

第2章

まず「著作権《ちょさくけん》のルール」を知ろう①

～どんな権利《けんり》があるの？～

著作権《ちょさくけん》はなぜあたえられているのか？

ここからは、第4話でお話しした「三つの大きな分野」のうち、一番目の「現在《げんざい》の法律《ほうりつ》ルールを知ること」について、話を始めます。まず、「なぜ著作権《ちょさくけん》というものがあるのか」という基本的《きほんてき》なことについて、お話ししましょう。

どうしたら人々は「がんばる」ようになるか？

大化の改新あたりから奈良時代にかけての、日本の「律令時代《りつりょう》」の法律《ほうりつ》ルールの中に、「班田収授法《はんでんしゅうじゅのほう》」「三世一身法《さんぜいっしんのほう》」「墾田永年私財法《こんでんえいねんしざいのほう》」というものがありました。

最初は「班田収授法《はんでんしゅうじゅのほう》」でした。農地は（だれが開墾《かいこん》しても）すべて天皇《てんのう》のものであって、貴族《きぞく》や農民は「借りている」だけ、というルールです。

次にこれが、「三世一身法《さんぜいっしんのほう》」に変わりました。「荒れ地《あれち》を自分で耕《たがや》して田畑を作った人は、それを自分の家のものにできる」「ただし、孫が死んだ時点で、天皇《てんのう》に納《おさ》めなければならない」（その土地の所有は「三世」まで）というものです。

さらにこれが、「墾田永年私財法《こんでんえいねんしざいのほう》」に変わりました。「荒れ地《あれち》を自分で耕《たがや》して田畑を作った人は、それを永久《えいきゅう》に自分の家のものにできる」というものです。

こうした法律《ほうりつ》ルールは、「国全体として田畑を増《ふ》やすため」に作られたものです。「班田収授法《はんでんしゅうじゅのほう》」の時代には、荒れ地《あれち》を一生懸命耕《いっしょうけんめいたがや》しても、それは自分のものにはならず、すべて天皇《てんのう》のものになってしまいました。これではあまり得にならないので、荒れ地《あれち》を耕《たがや》す人は少なく、農地はあまり増《ふ》えません。

ところが「三世一身法《さんぜいっしんのほう》」になると、がんばって荒れ地《あれち》を耕《たがや》して新しく田畑を作れば、それは、孫の代までは「自分の家のもの」になるので、「それならがんばろう」と思う人が出てきます。

さらに「墾田永年私財法《こんでんえいねんしざいのほう》」になると、永久《えいきゅう》に子孫に引き継《つ》いでいけるわけですから、かなりの人が「がんばろう！」と思うようになったでしょう。

それにより、「国全体として田畑が増《ふ》える」という効果《こうか》が得られます。

「インセンティブをあたえる」ということの意味

このようなしくみを作ることを、「インセンティブをあたえる」といいます。

「インセンティブ」とは、人々が「それならやろう」と思うような「得られるもの」(ごほうび)のことです。

そうしたインセンティブは、「お金」とは限《かぎ》りません。

「人に喜んでもらえる」とか「人からほめられる」とか「自分が満足する」といったことも、インセンティブの一種です。

ボランティア活動をすると「人に喜んでもらえる」とか、世界一になれば「金メダルがもらえる」といったことも、インセンティブの一種です。

著作権《ちょさくけん》のように、「がんばって何かを作り出せば、他人に無断《むだん》で使われないように、国家が保護《ほご》してくれる」という制度《せいど》も、そうした「インセンティブをあたえるしくみ」の一種です。

「荒《あ》れ地《ち》を耕《たがや》して田畑を作る」という場合についていえば、荒《あ》れ地《ち》を耕《たがや》して新しい田畑を作っても、だれかが「その土地をよこせ」と言ったときに、だれも守ってくれないとしたら、人々は、ばかばかしいので、だれも荒《あ》れ地《ち》を耕《たがや》さなくなってしまいます。

作家にとってのインセンティブ

そこで、「あなたががんばって荒《あ》れ地《ち》を耕《たがや》したら、新しい田畑はあなたのものになるのですよ。だれかがうばいに来たら、警察《けいさつ》が守ってあげます」という法律《ほうりつ》ルールを作れば（インセンティブをあたえれば）、人々は安心して荒《あ》れ地《ち》を耕《たがや》すようになるでしょう。そうすれば、国全体として田畑が増《ふ》えていきます。

著作権《ちょさくけん》の場合も、だれかががんばってすばらしいコンテンツを作っても、「結局は他人に無断《むだん》で使われてしまうだけ」なのであれば、人々は、ばかばかしいのでコンテンツを作らなくなってしまいます。

そこで、「あなたが作ったコンテンツは、あなた自身のものになるのですよ。無断《むだん》で使う人がいたら、警察《けいさつ》が守ってあげます」という法律《ほうりつ》ルールを作れば（インセンティブをあたえれば）、多くの人々が「それならやるか」と思って、多くのコンテンツを作るようになるでしょう。

それによって、国全体として「良いコンテンツを増《ふ》やす」ということを目指しているのです。これが、著作権《ちょさくけん》を保護《ほご》する目的です。

ところで、著作権《ちょさくけん》と似《に》たものに「特許権《とっきょけん》」というものがありますね。著作権《ちょさくけん》は「コンテンツ」を無断《むだん》利用から保護《ほご》していますが、特許権《とっきょけん》は「発明」を無断《むだん》利用から保護《ほご》しています。

発明についても、町の発明家が、せっかくがんばって大発明をしても、「大企業《だいきぎょう》が無断《むだん》で使っても文句《もんく》を言えない」のであれば、ばかばかしいのでだれも研究をしなくなってしまいます。

そこで、「あなたの発明は、あなた自身のものになるのですよ」という法律《ほうりつ》ルールを作っている（インセンティブをあたえている）のが、特許法《とっきょほう》による「特許権《とっきょけん》」という制度《せいど》なのです。著作権《ちょさくけん》と似《に》ていますね。

「個々人《ここじん》の利益《りえき》のため」ではなく「社会全体のため」の法律《ほうりつ》ルール

ところで、「著作権《ちょさくけん》」の場合も「特許権《とっきょけん》」の場合も、その目的は、「個々人《ここじん》の利益《りえき》のため」ではなく、「社会全体のため」だ——ということに、よく注意してください。

権利者《けんりしゃ》の側にも利用者の側にも、「自分の利益《りえき》」と「社会全体の利益《りえき》」を混同《こんどう》している、独善的《どくぜんてき》な人が少なくないからです。

例えば特許権《とっきょけん》の場合、アフリカのある国で多くの子どもたちが病気で死にかけているのに、薬を生産するためには、特許権《とっきょけん》を持つ人にお金をはらわなければならないのでしょうか（このことについては賛否両論《さんぴりょうろん》があり、論争《ろんそう》が続いています）。

あるいは、著作権《ちょさくけん》の場合、目の不自由な人が本を読めるように、本を「点字に直す」という場合にも、著作権《ちょさくけん》を持つ人にお金をはらわなければならないのでしょうか。発明もコンテンツも、「みんなに使われる」からこそ社会の役に立つのであり、だからこそ、それらを増《ふ》やそうとしてインセンティブをあたえているはずです。

そうした問題への対策については、第21話以降《いこう》にお話しします。

実は、「自分だけの利益《りえき》」と「全体の利益《りえき》」が混同《こんどう》されやすいのは、地球温暖化《おんだんか》などの「環境《かんきょう》問題」も同じです。

環境《かんきょう》の「環《かん》」は、元々（だれかを中心とした）「輪」という意味であり、環境《かんきょう》とは「だれかにとっての周辺状況《じょうきょう》の良《よ》し悪《あ》し」という意味です。つまり、環境《かんきょう》が「良い」とか「悪い」というのは、「だれの利益《りえき》にとってか？」によってちがってくるわけです。世界には、温暖化《おんだんか》によって得をする（環境《かんきょう》が良くなる）人々と、損《そん》をする（環境《かんきょう》が悪くなる）人々がいますが、日本をふくむ先進国の利益《りえき》にとっては「今の気温が続いた方が有利」なので、そうした国々は温暖化《おんだんか》をとめようとしているのです。

実は、温暖化《おんだんか》が進んでも、西暦《せいれき》二一〇〇年ごろの気温は（今よりずっと温暖《おんだん》だった）縄《じょう》文《もん》時代にもどるだけです。縄文《じょうもん》時代には環境《かんきょう》が良かったエジプトやメソポタミアは（その後の寒冷・乾燥《かんそう》化で砂漠《さばく》になりましたが）温暖化《おんだんか》すれば四大文明のころの良い環境《かんきょう》にもどれるので、実は「温暖化歓迎《おんだんかかんげい》！」という人々も多いのです。

なお、地球の気温は、（海面が今より三〇m以上高かった）高温期と、（海面が今より一〇〇m以上低かった）低温期をくり返しており、どんなに温暖化《おんだんか》・寒冷化しても（人類がどうなるかは別として）「地球そのもの」は全然大丈夫《だいじょうぶ》です。

第6話

著《ちょ》作《さく》権《けん》で保《ほ》護《ご》されるコンテンツとは？（その一）

ここでは、著《ちょ》作《さく》権《けん》によって保《ほ》護《ご》されている「コンテンツ」とは何か——ということについて、お話ししましょう。

「著《ちょ》作《さく》権《けん》によって保《ほ》護《ご》されている」とは、作者が、自分が作ったコンテンツの無《む》断《だん》利用（コピーやネット配信など）について、事前に「やめてくれ」と言ったり、事後に「警《けい》察《さつ》や裁《さい》判《ばん》所《しょ》に訴《うった》える」ことができたりする権《けん》利《り》を持つ——ということでしたね。

では、そのような権《けん》利《り》（著《ちょ》作《さく》権《けん》）は、作者が作った「何」についてあたえられるのでしょうか。

例えば、Aさんが作ったサラダをBさんが写真にとってブログにのせても（ネット配信しても）Aさんの著《ちょ》作《さく》権《けん》を侵《しん》害《がい》したことにはなりません。「サラダ」はいくらきれいに作ってあっても、著作権《ちょさくけん》の対象になる「コンテンツ」ではないからです。

著作権《ちょさくけん》で保護《ほご》される「コンテンツ」の代表例

では、著作権《ちょさくけん》で保護《ほご》される「コンテンツ」とは、いったいどんなものでしょうか。それには、次のようなものがあります（法律上《ほうりつじょう》は**「著作物《ちょさくぶつ》」**と呼《よ》ばれています）。

【ことばのコンテンツ】

講演《こうえん》や授業《じゅぎょう》の内容《ないよう》、会議での発言内容《ないよう》、作文、論文《ろんぶん》、レポート、記事、小説、詩、短歌、俳句《はいく》、脚本《きゃくほん》、台本、新作落語など

【音楽のコンテンツ】

音楽の曲、音楽の歌詞《かし》など

【美術《びじゅつ》のコンテンツ】

絵、彫刻《ちょうこく》、版画《はんが》、書、マンガ、舞台装置《ぶたいそうち》など

【写真のコンテンツ】

カメラやスマートフォンで撮影《さつえい》した写真など

【動画のコンテンツ】

映画《えいが》、ビデオ作品、ゲームの画像《がぞう》、その他の動画

【図形のコンテンツ】

地図、設計図《せっけいず》、図面、図表、グラフ、数表、立体模型《もけい》、地球儀《ちきゅうぎ》など

【建築《けんちく》のコンテンツ】

芸術的《げいじゅつてき》にデザインされた建物

【振《ふ》り付《つ》けのコンテンツ】

踊《おど》りの振《ふ》り付《つ》け、パントマイムの振《ふ》り付《つ》けなど

【プログラムのコンテンツ】

コンピュータープログラム、ゲームソフト、アプリケーションソフトなど

これらは、本（紙）、CD、DVD、パソコン、サーバーなどの「物」に記録されている場合もあれば、されていない場合もあります（動画のコンテンツだけは、保護《ほご》されるのは記録されているものに限《かぎ》られます）。

「記録されていない場合」とは、いわゆる「生」（ライブ）のものですが、一番簡単《かんたん》な例は、「授業中《じゅぎょうちゅう》に先生がしゃべっている内容《ないよう》」です。

そのほか、「会議で思いついて発言した内容《ないよう》」「その場で思いついて歌った歌」「その場で思いついて言った俳句《はいく》」なども（紙などに書かれていなくても）著作権《ちょさくけん》で保護《ほご》されるコンテンツです。

「加工」でできるコンテンツ

また、これらのコンテンツを「加工」したものも、新たなコンテンツとして、著作《ちょさく》権《けん》の対象になります。ここで言う「加工」とは、例えば次のようなことです。

【翻訳《ほんやく》】英語のものを日本語に加工する。
【編曲《へんきょく》】静かな曲をAKB48の歌のように加工する。
【脚色《きゃくしょく》】小説を演劇《えんげき》用の脚本《きゃくほん》に加工する。
【変形】マンガの主人公をフィギュアに加工する。
【映画化《えいがか》】小説を映画《えいが》に加工する。
【その他】要約して短いものに加工する。
子ども向けに書きかえて加工する。

こうした加工が行われた場合、「加工する前のコンテンツ」のことを、**「原作」**といいます。

また、「加工されたもの」の利用（コピーなど）については、「原作を作った人」（**原作者**といいます）と、「加工した人」の両方が、著作権《ちょさくけん》を持ちます。

例えば、「Aさんが書いた英語の小説」を、「Bさんが（Aさんの了解《りょうかい》を得て）日本語に翻訳《ほんやく》した」という場合を考えてみましょう。その場合には、その「日本語版《ばん》」（加工されたもの）をコピーしたい人は、Aさん（原作者）・Bさん（加工した人）の二人の了解《りょうかい》を得ることが、必要になるわけです（第13話でくわしくお話しします）。

「部品の編集《へんしゅう》」でできるコンテンツ

このように、「加工品」については、「複数《ふくすう》の人が権利《けんり》を持つ」（複数《ふくすう》の人々の了解《りょうかい》を得ないと利用できない）わけですが、もう一つ別に、「複数《ふくすう》の人々が権利《けんり》を持つ」という場合があります。

それは、いくつかのコンテンツを集めてきて「部品」にし、（部品を作った人々の了解《りょうかい》を得て）全体を「束《たば》ねて編集《へんしゅう》した」というコンテンツの場合です。

一番わかりやすいのは「雑誌《ざっし》」ですね。雑誌《ざっし》は、多くの記事や写真や図表やイラストなどによって、構成《こうせい》されています。その「部品」の一つひとつが、すべて著作権《ちょさくけん》で保護《ほご》されたコンテンツです。

この場合、雑誌《ざっし》を編集《へんしゅう》した人は、第一に「次の号では何をのせるか」という「部品の選択《せんたく》」をし、また、第二に「どんな順番にするか」という「配列」を決めています。

そのような編集《へんしゅう》（部品の選択《せんたく》・配列）をした人や会社は、「雑誌《ざっし》の全体」について著作権《ちょさくけん》を持つのです。

このため、その雑誌《ざっし》の全部をコピーしたい人は、「全体」について「編集《へんしゅう》した人や会社」の了解《りょうかい》を得るとともに、「すべての部品」について「作った人々の全員」の了解《りょうかい》を得なければなりません。雑誌《ざっし》をコピーすると、「全体」とともに「各部品」も同時にコピーされるからです。

逆《ぎゃく》にいうと、「全体」ではなく、「一つの記事」（一つの部品）だけをコピーする場合は、「その記事を書いた人」だけの了解《りょうかい》を得ればよいわけです。

このように「いろいろな部品を集めて全体を構成《こうせい》したもの」としては、雑誌《ざっし》のほかにも、新聞・文学全集・百科事典などがありますね。いわゆる「ホームページ」（ウェブサイト）や「データベース」なども、その一種です。

ブログ
雑誌《ざっし》
雑誌《ざっし》を
ネット配信するには
出版社《しゅっぱんしゃ》だけでなく
部品を作った人全員の
了解《りょうかい》が必要

そうしたものについて、「全体」をコピーしたりネット配信したりする場合には、雑《ざっ》誌《し》の場合と同じように、複数《ふくすう》の人々（全体の権利者《けんりしゃ》と、各部品の権利者《けんりしゃ》全員）の了解《りょうかい》を得なければいけないことになります。

このような「部品を編集《へんしゅう》したもの」には、実は、次の二種類があります。

① 部品が「著作権《ちょさくけん》で保護《ほご》されるコンテンツ」であるもの

（例　百科事典、新聞・雑誌《ざっし》、文学全集、ホームページ、ポスターなど）

② 部品が「著作権《ちょさくけん》で保護《ほご》されない単なるデータ」であるもの

（例　住所録、電話帳、単語集、辞書、時刻表《じこくひょう》、メールアドレス集など）

これらのうち②の場合、「部品」となっている「住所」「電話番号」「単語」「時刻《じこく》」「メールアドレス」などは、著作権《ちょさくけん》で保護《ほご》されていません。

したがって、「全体」をコピーする場合には「編集《へんしゅう》した人や会社」（全体の権利者《けんりしゃ》）の了解《りょうかい》が必要ですが、「一つの部品」だけをコピーするのは自由です。

なお、ここで説明してきたものは「部品のみでできているコンテンツ」（すべての部品を取り去ると何も残らないもの）ですが、普通《ふつう》のコンテンツの中に「部品」がふくまれている——という場合もありますね。例えば、「映画《えいが》」の中にはたいてい、「音楽」や「俳《はい》優《ゆう》のセリフ」などの「部品」がふくまれています。

そうしたコンテンツの場合も、全体を利用するためには、「全体の権利者《けんりしゃ》」「各部品の権利者《けんりしゃ》全員」の了解《りょうかい》が必要です。

保護されるコンテンツ

① 単体の著作物

ことば　音楽　美術　写真　動画
図形　建築　振り付け　プログラム

② 加工された著作物

翻訳されたもの
編曲されたもの
脚色されたもの
変形されたもの
映画化されたもの
その他

③ 編集された著作物

全体コンテンツ
- 部品コンテンツ
- 部品コンテンツ
- 部品データ
- 部品データ

第7話

著作権《ちょさくけん》で保護《ほご》されるコンテンツとは？（その二）

第6話に引き続き、ここでも「著作権《ちょさくけん》で保護《ほご》されるコンテンツ」とは何か、ということについてお話しします。

「アイデア」は保護《ほご》されない――「特許権《とっきょけん》」では保護《ほご》されることがある

第一は、「表現《ひょうげん》」は保護《ほご》されるが、「アイデア」は保護《ほご》されない、ということです。

例えば、ここに「いろいろな料理の作り方」が書いてある本があったとしましょう。あるレストランのシェフが、その本を読んで、「これは良いアイデアの料理だ」と思い、その料理を作ってお客に出し、お金をもうけるようになりました。

この場合、このレストランの主人は、「その本の著者《ちょしゃ》」の著作権《ちょさくけん》を侵害《しんがい》したことになるでしょうか。答えは「ならない」です。それに対して、このレストランのシェフが、その本を無断《むだん》でたくさんコピーして売ったとしたら（その料理を作らなくても）著作権侵《ちょさくけんしん》害《がい》になるのです。

「料理を作った」という場合は、「こうすればこの料理ができる」という「アイデア」を利用しました。しかし、「本に書かれた文章としての表現《ひょうげん》」はコピーしていません。だから著作権侵害《ちょさくけんしんがい》にはならないのです。

しかし、「本をコピーした」という場合は、「料理のアイデア」は使っていませんが、「文章としての表現《ひょうげん》」を、「コピーする」という形で利用しました。だから著作権侵害《ちょさくけんしんがい》になるのです。

これが、「表現《ひょうげん》は保護《ほご》される」が「アイデアは保護《ほご》されない」ということです。実は、「アイデア」を保護《ほご》するのが、「特許権《とっきょけん》」というものの役割《やくわり》です。別の例で考えてみましょう。

例えばここに、「新しい薬の製法《せいほう》」が書かれた「論文《ろんぶん》」があるとしましょう。その製《せい》法《ほう》（発明としてのアイデア）には、特許権《とっきょけん》があたえられているとします。この場合、「論《ろん》文《ぶん》」（文章としての表現《ひょうげん》）は著作権《ちょさくけん》で保護《ほご》されており、「製法《せいほう》」（アイデア）は特許権《とっきょけん》で保護《ほご》されることになります。

ここで、ある人が、その論文《ろんぶん》を読んだとしましょう。読んだ後に、その人が無断《むだん》で「論文《ろんぶん》をコピーした」のなら著作権侵害《ちょさくけんしんがい》になり、無断《むだん》で「その薬を作って売った」のなら特許権侵害《とっきょけんしんがい》になるのです。ちがいがわかりましたか？

「実用品のデザイン」は保護《ほご》されない——「意匠権《いしょうけん》」では保護《ほご》される

第二は、「実用品のデザイン」は著作権《ちょさくけん》で保護《ほご》されない（意匠権《いしょうけん》で保護《ほご》される）ということです。

実用品とは、例えば、「自動車」や「家具」などのことですが、それらの「デザイン」を著作権《ちょさくけん》で保護《ほご》しても、別に問題はありません。

しかし多くの国では、これまでのさまざまな事情《じじょう》によって、「実用品のデザインは、著作権《ちょさくけん》ではなく（特許権《とっきょけん》の親せきである）意匠権《いしょうけん》というもので保護《ほご》する」ということになっています。

ちなみに、第6話に出てきた「サラダ」は、「作品として見たり聞いたりして楽しむためのもの」ではなく、「実際《じっさい》に食べるためのもの」（実用的なもの）なので、著作権《ちょさくけん》では保護《ほご》されません。

では、「著作権《ちょさくけん》の守備範囲《しゅびはんい》」はどんなものかというと、「文芸的なもの」「美術的《びじゅってき》なもの」「音楽的なもの」「学術的《がくじゅってき》なもの」です。第6話に説明した分類をあてはめると、次のようになります。

【文芸的なもの】　作文、小説、詩、短歌、俳句《はいく》、脚本《きゃくほん》など

【美術的《びじゅってき》なもの】　美術《びじゅつ》、写真、動画、振《ふ》り付《つ》け、建築《けんちく》など

【音楽的なもの】　音楽の曲、音楽の歌詞など

【学術的《がくじゅってき》なもの】　論文《ろんぶん》、図形、プログラムなど

これらのうち、「意匠権《いしょうけん》」の対象となる「デザイン」との境目《さかいめ》がややこしいのは、「美《び》術《じゅつ》」の場合です。

例えば、少し専門的《せんもんてき》な話になりますが、「人形」の場合、「飾《かざ》って見る」(ことによって楽しむための)人形は、「美術品《びじゅつひん》」として著作権《ちょさくけん》で保護《ほご》されます。それに対して「子どもが持って遊ぶ」ための人形は、「実用品」なので、著作権《ちょさくけん》による保護《ほご》の対象にはなりません(意匠権《いしょうけん》の対象にはなることがあります)。

では、子どもが持って遊んでいる「ミッキーマウスの人形」はどうでしょうか。実は、これは著作権《ちょさくけん》で保護《ほご》されています。ミッキーマウスは、元々「マンガ」として著《ちょ》作権《さくけん》で保護《ほご》されていました。その人形とは、ミッキーマウスのマンガ（原作）を「加工」したものであるため、「元のマンガを作った人」（原作者）の著作権《ちょさくけん》がおよんでいるのです（第6話の説明の中に出てきましたね）。

「オリジナリティー」が必要

第三は、「オリジナリティー」（独創性《どくそうせい》・創作性《そうさくせい》）がないと保護《ほご》されない――ということです。当然ですが、他人の作品をただコピーしても（自分自身のオリジナリティーはないので）著作権《ちょさくけん》は発生しません。

また、新しく作ったものであっても、オリジナリティーを持って「創作《そうさく》したもの」でないものには、著作権《ちょさくけん》はありません。その例は、次のとおりです。

【単なる事実】

例「明治維新《いしん》は一八六八年だった」という記述《きじゅつ》

【単なるデータ】
例　住所・氏名・電話番号・メールアドレス・数値《すうち》

【短いフレーズ】
例　新聞の見出し、本の題名・章名・目次、ドラマの題名、短いギャグなど
（短いものには、十分なオリジナリティーをふくめられないためです。）

【だれが作ってもだいたい同じになってしまうもの】
例　行事の簡単《かんたん》なお知らせ、簡単《かんたん》な訃報《ふほう》（死亡《しぼう》記事）、ニュースで人の名前を読みまちがったときの訂正《ていせい》

オリジナリティーがあれば著作権《ちょさくけん》で保護《ほご》されるので、作品が「うまいか、へたか」ということは、著作権《ちょさくけん》の有無《うむ》とは一切《いっさい》関係ありません。つまり、「芸術家《げいじゅつか》の作品」でも「小学生の作品」でも、同じように保護《ほご》されるのです。

著作権《ちょさくけん》は「自動的」にあたえられる——©マークと著作権《ちょさくけん》の有無は無関係

第四は、著作権《ちょさくけん》を持つのに「政府《せいふ》への登録などは不要」であって、コンテンツを

「作った瞬間《しゅんかん》に、自動的に保護《ほご》が始まる」ということです。特許権《とっきょけん》や意匠権《いしょうけん》の場合は、政府《せいふ》（特許庁《とっきょちょう》）に登録しておかないと権利《けんり》があたえられません。これに対して著作権《ちょさくけん》の場合は、「自動的にあたえられる」というのが、国際的《こくさいてき》なルールです。

日本の著作権法《ちょさくけんほう》がこの国際《こくさい》ルールに適合《てきごう》したのは一八九九年でしたが、アメリカの著作権法《ちょさくけんほう》がこの国際《こくさい》ルールに追いついたのは、なんと一九八九年でした。実はアメリカは、先進諸国《しょこく》の中で、著作権《ちょさくけん》を「最も保護《ほご》していない国」だったのです。

一九八九年以前は、日本人やヨーロッパ人の作品は、アメリカまで行って政府《せいふ》に登録しないと、アメリカで保護《ほご》されないおそれがありました。それでは困《こま》るので、各国が相談して「©」というマークを作りました。外国の本でもこのマークがあれば、「アメリカ国内では、政府《せいふ》に登録してあるものとする」というルールです。

日本やヨーロッパでは、このマークは著作権《ちょさくけん》の有無《うむ》と元々無関係ですし、今ではアメリカでも無意味になっていますので、これをまだ使っているのは昔からの習慣《しゅうかん》にすぎません。

著作権で保護されないもの

1 **アイデア**

2 **実用品のデザイン**

3 **オリジナリティーがないもの**

- **単なる事実**（明治維新は1868年）
- **単なるデータ**（住所、電話番号、アドレス、数値）
- **短いフレーズ**（見出し、題名、短いギャグ）
- **簡単なお知らせ**（短い告知、簡単な訃報）**など**

第8話

「心」を守る権利《けんり》と「財布《さいふ》」を守る権利《けんり》がある

ここでは、コンテンツを作った人にあたえられている「著作権《ちょさくけん》」について、その「具体的な内容《ないよう》」をお話しします。

権利《けんり》の「内容《ないよう》」とは、作った人は「具体的にどのような行為《こうい》」について、事前に「やめてくれ」と言えるのか、また、事後に「警察《けいさつ》や裁判所《さいばんしょ》に訴《うった》える」ことができるのか——ということです。

著作権《ちょさくけん》がおよぶコンテンツには、みなさんが書いた作文、みなさんがとった写真、みなさんがかいた絵などもふくまれます。

自分でコンテンツを作ったら、子どもであっても、「作った人」として、自動的に著《ちょ》作権《さくけん》を持っているのです。

こういうことをされたら許《ゆる》せるか？

では、みなさんが自分で作った「絵」「写真」「作文」「音楽」などのコンテンツについて、次のようなことを無断《むだん》でされたら、みなさんは相手を許《ゆる》せますか。

①自分がとった写真をコンクールに出したら入選したが、作者名が「別の人」になっていた（無断《むだん》で**「名前の表示《ひょうじ》の変更《へんこう》」**をされた）。

②うまくかけなかった絵を、はずかしいのでかくしておいたら、だれかが勝手に展覧《てんらん》会《かい》に出してはじをかかされた（無断《むだん》で**「世間に公表」**された）。

③自分の作文が先生の推薦《すいせん》で市の文集にのったが、先生が勝手にあちこち直してしまい自分が書いた部分が少なくなっていた（無断《むだん》で**「内容《ないよう》を変更《へんこう》」**された）。

④自分がブログにのせた小説を、ある出版社《しゅっぱんしゃ》が無断《むだん》で本にし、出版《しゅっぱん》してもうけている（無断《むだん》で**「コピー」**された）。

⑤自分が作曲した曲が学芸会で演奏《えんそう》されたとき、だれかが無断《むだん》で録音し、ネットで配信してもうけている（無断《むだん》で**「多くの人々に伝達」**された）。

⑥自分が出版《しゅっぱん》した小説を、映画《えいが》会社が無断《むだん》で映画化《えいがか》してもうけている（無断《むだん》で**「加工」**

された)。

これらのことについては、多くの人々が「許《ゆる》せない！」と感じます。そのために、事前に「やめてくれ」と言えたり、事後に「警察《けいさつ》や裁判所《さいばんしょ》に訴《うった》える」ことができる権利《けんり》が、あたえられているのです。

「著作権《ちょさくけん》の法律《ほうりつ》ルールの具体的な内容《ないよう》」などというと、何かむずかしい感じがしますね。しかし実は、権利《けんり》の対象となっている行為《こうい》は、この「六種類」しかないのです。

どれも、多くの人々が、「なるほど、こういうことは無断《むだん》でやらせてはまずいなぁ」と思えるものですね。

「心を守る」ための権利《けんり》と「財布《さいふ》を守る」ための権利《けんり》

ところで、これらの六種類の行為《こうい》は、「前半の①②③」と「後半の④⑤⑥」という二つのグループに分かれます。

ここでは仮《かり》に、前半をAグループ、後半をBグループと呼《よ》ぶことにしましょう。

Aグループの①②③の行為《こうい》を対象とする権利《けんり》は、コンテンツを作った人の**「心」**を守るものです。

逆《ぎゃく》にいうと、①②③のようなことを無断《むだん》でされると、作った人は**「ムカつく」**ことになります。「お金」という観点から見て、損《そん》するか得するか、ということは関係ありません。

つまり、①②③の行為《こうい》について、「やめてくれ」と言えたり、無断《むだん》でした人を「警察《けいさつ》や裁判所《さいばんしょ》に訴《うった》える」ことができる、という権利《けんり》は、作った人が「ムカつかないようにする」(作った人の「心」を守る) ための権利《けんり》なのです。

それに対して、Bグループの④⑤⑥の行為《こうい》を対象とする権利《けんり》は、コンテンツを作った人の**「財布《さいふ》」**を守るものです。

逆《ぎゃく》にいうと、④⑤⑥のようなことを無断《むだん》でされると、作った人は**「損《そん》する」**ことになります。これは、心ではなく「お金」の話です。

つまり、④⑤⑥の行為《こうい》について、「やめてくれ」と言えたり、無断《むだん》でした人を「警察《けいさつ》や裁判所《さいばんしょ》に訴《うった》える」ことができる、という権利《けんり》は、作った人が「損《そん》しないようにする」(作った人の「財布《さいふ》」を守る) ための権利《けんり》なのです。

このように、著作権《ちょさくけん》にふくまれる権利《けんり》には、「心」を守る部分と「財布《さいふ》」を守る部分の二種類があるわけです。

ところで、AグループとBグループを比《くら》べると、みなさんはどちらのグループについて、より強く「そういうことは無断《むだん》でやらせてはならない」と感じますか。あるいは、どちらのグループの方が「わかりやすい」ですか。

この質問《しつもん》を小中学生にすると、ほぼ全員が「Aグループ」と答えます。高校生では約八〇%が「Aグループ」と答えますが、大学生では大体半々になり、大人になると約八〇%の人が「Bグループの方がわかりやすい」と答えます。大人になればなるほど(心がけがれて?)「お金」の話の方がわかりやすくなってくるのですね。

子どもたちはまだ、「自分が作ったコンテンツでお金をもうけよう」とは思っていませんし、お金とは保護者《ほごしゃ》の方からもらうお小遣《こづか》いのことなので、Bグループの権利《けんり》はあまりピンとこないのです。

その半面、大人よりも子どもの方が、「自分の作品を大切に思う心」が強いようです。自分の作品を勝手に変えられたりすると、子どもたちは大変傷《きず》つきますが、大人は「もうかればOK」なのでしょうか。

学校で著作権《ちょさくけん》について教えようとする先生方は、普通《ふつう》は「お金」に関係する「コピーすること」の話から始めます。だから大人の説明はわかりにくいのです。

対象となる行為は「6種類」だけ

Aグループ（ムカつくこと）	Bグループ（損すること）
無断で名前の表示を変える	無断でコピーする
無断で世間に公表する	無断で人々に伝達する
無断で内容を変える	無断で加工する

Bグループの権利《けんり》だけは「他人に売る」ことができる

ところで、Bグループの行為《こうい》に関する権利《けんり》は、物や土地に関する「所有権《しょゆうけん》」と同じように、他人に「売る」ことができます。

例えば、小説の著者《ちょしゃ》は、自分が持っているBグループの著作権《ちょさくけん》を、出版社《しゅっぱんしゃ》に売ってしまってもかまいません。しかし、そうすると、その著者《ちょしゃ》はそれ以後、「自分の小説を自分でコピーする」ということができなくなります。「無断《むだん》でコピーしようとしている人に『やめてくれ』と言える権利《けんり》」を、出版社《しゅっぱんしゃ》に売ってしまったからです。

それに対して、Aグループの行為《こうい》に関係する権利《けんり》は、他人に売ることも相続することもできません。

Aグループの方は、「わたしがせっかく作った物に、こんなことをして！」という「作った人の心（感情《かんじょう》）」を守るための権利《けんり》だからです。そうした感情《かんじょう》は「作った人」だからこそ持てるものであり、他人は持てないでしょう。

ですから、Bグループの権利《けんり》が他人に売られた場合、「Aグループの権利《けんり》」と「Bグループの権利《けんり》」を別々の人が持っている、という状態《じょうたい》になることがあるわけです。

なお、法律《ほうりつ》の用語としては、「作った人」を**「著作者《ちょさくしゃ》」**といい、「Bグループの権利《けんり》を持つ人」を**「著作権者《ちょさくけんしゃ》」**といいます。

あるコンテンツが作られた瞬間《しゅんかん》は、当然ですが「著作者《ちょさくしゃ》」＝「著作権者《ちょさくけんしゃ》」ですね。しかし、Bグループの権利《けんり》が他人に売られてしまうと、「著作者《ちょさくしゃ》と著作権者《ちょさくけんしゃ》が、別々の人だ」ということが起こるわけです。

第9話

「心」を守る三つの権利《けんり》

第8話でお話ししたように、コンテンツを「作った人」にあたえられている「著作《ちょさく》権《けん》」というものは、「心を守る権利《けんり》」と「財布《さいふ》を守る権利《けんり》」という、二つのグループに分かれます。

「心を守る権利《けんり》」にふくまれる「三つの権利《けんり》」

ここでは、これらのうち、「心を守る権利《けんり》」の方について、その具体的な内容《ないよう》をお話ししましょう。

この「心を守る権利《けんり》」には、次の三つの権利《けんり》がふくまれています。

①無断《むだん》で「名前の表示《ひょうじ》」を変えられない権利《けんり》
②無断《むだん》で「公表」されない権利《けんり》
③無断《むだん》で「改変」されない権利《けんり》

それぞれについて、少しくわしく説明していきましょう。

①無断《むだん》で「名前の表示《ひょうじ》」を変えられない権利《けんり》

第一は、無断《むだん》で「名前の表示《ひょうじ》」を変えられない権利《けんり》です（法律上《ほうりつじょう》は「氏名表示権《しめいひょうじけん》」といいます）。

これは、簡単《かんたん》にいえば、「わたしが作ったのだから、わたしの名前をつけろ」と言える権利《けんり》です。自分の作品が「他人の名前」で出版《しゅっぱん》されたり展示《てんじ》されたりしたら、だれでもムカつきますよね。逆《ぎゃく》に、「自分の名前を出すな」と言える権利《けんり》でもあります。

このように、この権利《けんり》は、「名前の表示《ひょうじ》のしかた」の全般《ぜんぱん》について適用《てきよう》されますので、例えば次のようなケースがこの権利《けんり》の対象になります。

◆作者の名前を「かくしておく」はずだったのに、表示《ひょうじ》されてしまった場合
◆「ペンネームにする」はずだったのに、本名を表示《ひょうじ》されてしまった場合
◆「本名にする」はずだったのに、ペンネームを表示《ひょうじ》されてしまった場合

また、第6話で「加工」の話をしたのを覚えていますか。これは例えば、「原作」について「翻訳《ほんやく》」「映画化《えいがか》」「要約」などをすることでしたね。そうした「加工」をするには、作った人の了解《りょうかい》が必要です（第13話でくわしくお話しします）。

作った人が了解《りょうかい》して「加工」が行われた場合、第6話で述《の》べたように、「加工されたもの」については、「原作者」と「加工者」の両方が著作権《ちょさくけん》を持っています。この場合には、「氏名表示権《しめいひょうじけん》」も、原作者と加工者の二人が持ちます。

具体的にいうと、原作者は（自分の作品を原作とする）加工品についても、「原作者として、わたしの名前も表示《ひょうじ》しなさい」とか「わたしの名前は表示《ひょうじ》するな」と言える——ということです。

② 無断《むだん》で「公表」されない権利《けんり》

第二は、無断《むだん》で**「公表」**されない権利《けんり》です（法律上《ほうりつじょう》は**「公表権《こうひょうけん》」**といいます）。この権利《けんり》は、作者が自分の作品を「世に出すか出さないか」を決められる権利《けんり》というものです。この権利《けんり》の対象となるケースは、例えば次のような場合です。

◆「できが悪く、自分の作品として世に出したくないので、かくしておきたい」と思っていた絵画が、無断《むだん》で展覧会《てんらんかい》などに出されてしまい、「アイツ、こんなヘタな絵をかいてるんだぁ」とみんなに言われて、はじをかかされた。

◆未完成の未熟《みじゅく》な原稿《げんこう》が、自分の作品として無断《むだん》で本として出版《しゅっぱん》されてしまい、世の中の評判《ひょうばん》が悪くなってしまった。

こんなことをされたら、だれでもムカつきますね。こうしたことを事前にストップしたり、起こってしまった場合に相手を訴《うった》えることができるのが、この権利《けんり》です。また、この権利《けんり》は「公表するかしないか」ということだけでなく、「いつ公表するか」ということにもおよびます。例えば「デビュー十周年のこの日に公表しろ」などと言うこともできるわけです。

前にも出てきた「加工品」の場合はどうなるでしょうか。

加工品を「作った人」（著作権《ちょさくけん》を持つ著作者《ちょさくしゃ》）は、原作者ではなく「加工者」の方ですので、その人は、加工品について、当然この権利《けんり》を持っています。

「原作者」が「加工品」について「公表権《こうひょうけん》」を使えるのは、「原作自体がまだ公表されていない場合」だけです。

具体的にいえば、「まだわたしの原作が公表されていないのだから、加工品の方を先に公表するのはやめてくれ」と言えるわけです。

③ 無断《むだん》で「改変」されない権利《けんり》

第三は、無断《むだん》で**「改変」**されない権利《けんり》です（法律上《ほうりつじょう》は**「同一性保持権《どういつせいほじけん》」**といいます）。この権利《けんり》の対象となるケースは、例えば次のような場合です。

◆出版社《しゅっぱんしゃ》が小説を出版《しゅっぱん》するときに、著者《ちょしゃ》に無断《むだん》で、「悲劇的《ひげきてき》な結末」を「ハッピーエンド」に変えてしまった。

◆画廊《がろう》の経営者《けいえいしゃ》が、画家に無断《むだん》で、画家が「赤」でぬった空を、「青」にぬりかえてしまった。

こうしたことによって仮《かり》によく売れるようになったとしても、自分の作品を勝手に変えられてしまった作者は、おそらくムカつくでしょう。

この権利《けんり》については、いろいろな論争《ろんそう》が起きています。それは、デジタル技術《ぎじゅつ》の発達によって、コンピューターを使った「改変」が簡単《かんたん》にできるようになったからです。コンピューターを使って絵や写真の顔の形を変えたりすることは、今や、子どもたちが持っているゲーム機やスマートフォンなどでもできるようになりました。

このため、利用者側は、「改変が簡単《かんたん》にできるようになったのだから、この権利《けんり》はもっと弱くするべきだ」（改変してもよいようにすべきだ）と主張《しゅちょう》しています。

それに対して権利者側《けんりしゃがわ》は、「簡単《かんたん》にできるようになったから、悪いことでも許《ゆる》すようにする、というのはおかしい。改変が簡単《かんたん》になったからこそ、この権利《けんり》は強めるべきだ」と主張《しゅちょう》しています。

第20話で「演《えん》じた者の権利《けんり》」の話をしますが、この点については、権利者側《けんりしゃがわ》の主張《しゅちょう》が支持《しじ》を得て、国際《こくさい》ルールも変えられました。

「俳優《はいゆう》」や「ダンサー」の演技《えんぎ》を改変するには、昔は「映画《えいが》フィルムのひとコマひとコマをかき直していく」という作業が必要だったため、だれもそんなことはしませんでした。

しかし、デジタル技術《ぎじゅつ》の発達でそれが簡単《かんたん》になり、俳優《はいゆう》やダンサーの「体形を変える」「顔を変える」「服装《ふくそう》を変える」といったことが勝手に行われるようになったのです。

そのため、著作権法《ちょさくけんほう》が改正されて、第20話でお話しするように、俳優《はいゆう》やダンサーにもこの「同一性保持権《どういっせいほじけん》」があたえられました。

著作権の分類

- 心を守る権利
  - 無断で「名前の表示」を変えられない権利
  - 無断で「公表」されない権利
  - 無断で「改変」されない権利
- 財布を守る権利
  - 無断で「コピー」されない権利
  - 無断で「人々（公衆）に伝達」されない権利
  - 無断で「加工」されない権利

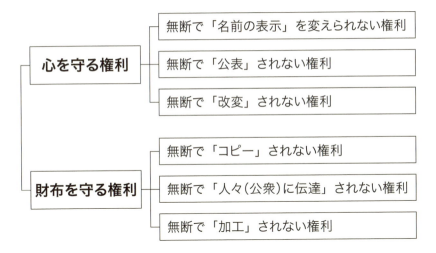

第10話

「財布《さいふ》」を守る権利《けんり》①
無断《むだん》で「コピー」されない権利《けんり》

コンテンツを作った人にあたえられている著作権《ちょさくけん》は、「心を守る権利《けんり》」と「財布《さいふ》を守る権利《けんり》」の二つのグループに分かれます。

第9話では、これらのうち、「心を守る権利《けんり》」の方についてお話ししましたが、ここからは、「財布《さいふ》を守る権利《けんり》」について、その具体的な内容《ないよう》をお話しします。

この「財布《さいふ》を守る権利《けんり》」には、次の三種類の権利《けんり》がふくまれています。

① 無断《むだん》で**「コピー」**されない権利《けんり》
② 無断《むだん》で**「人々（公衆《こうしゅう》）に伝達」**されない権利《けんり》
③ 無断《むだん》で**「加工」**されない権利《けんり》

ここではまず、①の「無断《むだん》でコピーされない権利《けんり》」についてお話しします。

「コピーした」というのは、結果として「同じものができた」ということです。ですから、どのような方法を使い、どのようなものにコピーをしても、コピーはコピーです。

このため、この権利《けんり》は、大昔から「無断《むだん》でコピーされない権利《けんり》」であり、変わっていません。

「CD」が発明されたときにも、「無断《むだん》でCDにコピーされない権利《けんり》」というものは、新しく作られませんでした。

さらにそのほかのデジタル方式が普及《ふきゅう》したときも、「無断《むだん》でデジタル方式でのコピーをされない権利《けんり》」というものは、新しく作られませんでした。

「コピーはコピー」なので、「無断《むだん》でコピーされない権利《けんり》」という一つの権利《けんり》で、十分だからです。

デジタル方式でもアナログ方式でも、あるいは、将来《しょうらい》発明される別の新しい方式でも、「同じもの」ができれば、それはコピーなのです。

もう少し具体的に説明しましょう。例えば、「方法」についていえば、次のすべてのものが、「コピー」にあたります。

- 手で書き写す
- 印刷機で印刷する
- コピー機で複写《ふくしゃ》する
- 写真に撮影《さつえい》する
- 録音する
- 録画する
- CD・DVD・USBメモリー・ハードディスクなどに記録・蓄積《ちくせき》する
- サーバーからパソコンにダウンロードする

（インターネット上のサイトから受信して自分のパソコンに保存《ほぞん》すること）

- パソコンからサーバーにアップロードする

（自分のパソコンからインターネット上のサイト内に送り、サイトから送信できるように保存《ほぞん》すること）

最後の「ダウンロード」「アップロード」も、「コピーすることだ」ということに、注意してください。

また、「何にコピーするか」についても限定《げんてい》はありませんので、例えば次のようなものに記録したらすべて「コピー」です。

・紙
・磁気《じき》テープ
・フィルム
・CD・DVD・USBメモリー・ブルーレイディスク・SDカードなど
・パソコンのハードディスク
・サーバーのメモリー
・オルゴールの中で回っているトゲトゲのドラム

最後の「オルゴールの中身」は見たことがありますか。あれを作ることも、実は「音楽をコピーすること」にあたります。

さらに、「生のコンテンツを固定する」のも「コピー」だ、ということに、注意してください。例えば、次のような場合です。

・舞台《ぶたい》での「生」の劇《げき》や踊《おど》りなどを「録画」する

・コンサートでの「生」の歌や演奏《えんそう》を「録音」する
・授業《じゅぎょう》や講演《こうえん》の内容《ないよう》を録音する
・授業《じゅぎょう》や講演《こうえん》の内容《ないよう》を完全に書き取る

実は「メール送信」も「コピー」

もう一つ、注意しなければいけない非常《ひじょう》に重要なことがあります。

それは、「メールで送信するという行為《こうい》は、コピーすることだ」ということです。

メールに書いた内容《ないよう》や、メールに添付《てんぷ》したファイルを「送信する」という行為《こうい》は、次のようなプロセスで起こっています。

① 自分のパソコン内にコピーする
② 自分のメールサーバー内にコピーする
③ 相手のメールサーバーに送信する
④ 相手のメールサーバー内にコピーを作る
⑤ 相手のパソコン内にコピーを作る

メールの送受信と「コピー」

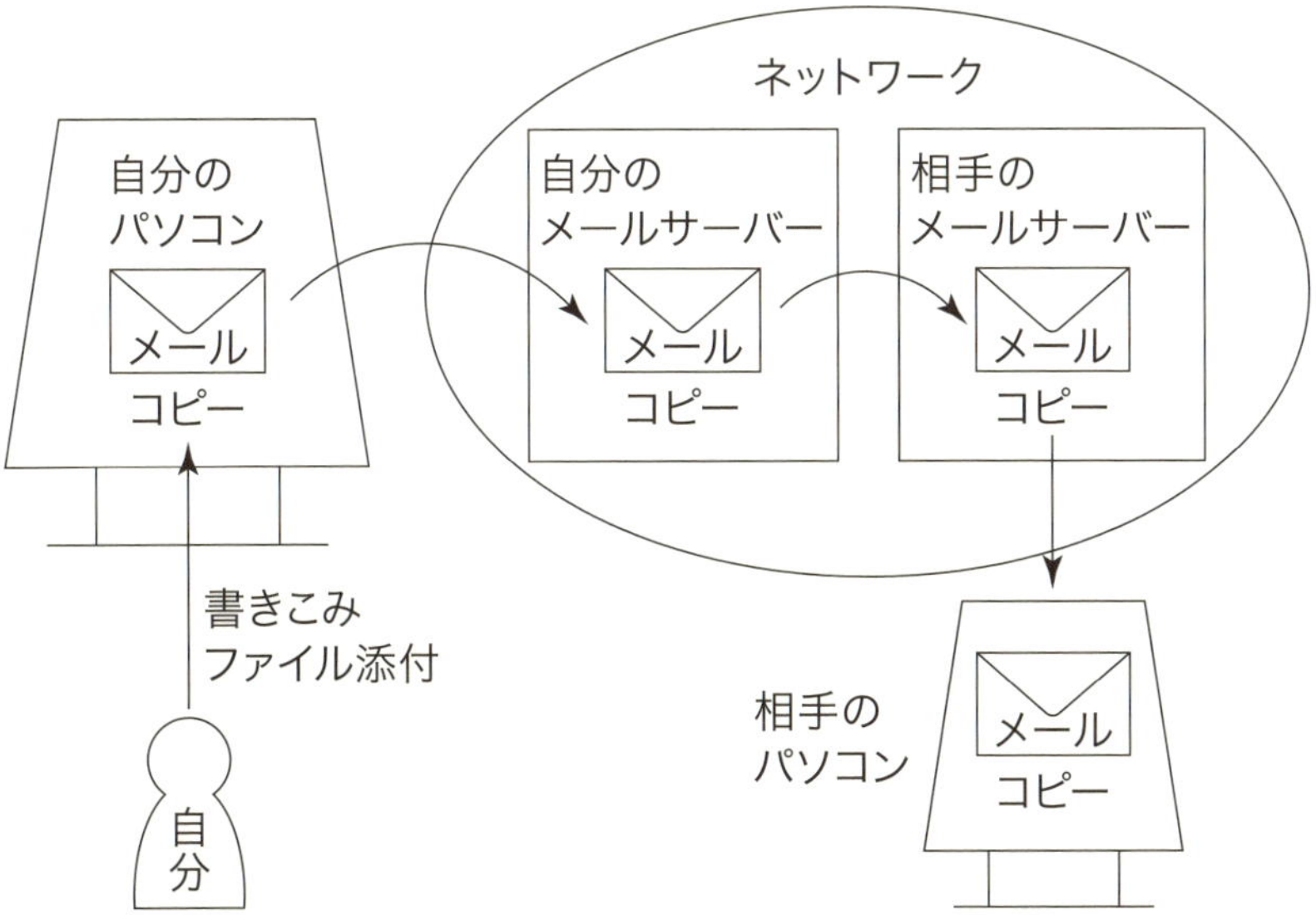

これらのうち③以外は、全部「コピー」ですね。

③の「送信」については、第11話と第12話でくわしくお話ししますが、「特定の一人の相手だけ」に向けたものであれば、著作権《ちょさくけん》の対象にはなりません。

ということは、著作権《ちょさくけん》との関係で注意しなければいけない行為《こうい》は、「送信」ではなく、実は「コピー」の方だ、ということになるわけです。

「例外的に無断《むだん》でコピーしてもよい」という「例外のルール」については、第21話以《い》降《こう》でくわしくお話ししますが、メール送信をするときには、特に「添付《てんぷ》ファイル」について、「コピーしてもいいものか」ということに、よく注意してください。

メールの本文は、みなさん自身が「作った人」なので、問題ありませんね。

関係することば

最後に、この「無断《むだん》でコピーされない権利《けんり》」に関係する「よく聞く用語」について、その意味をお話ししておきましょう。

【複製権《ふくせいけん》】これは「無断《むだん》でコピーされない権利《けんり》」の正式名称《めいしょう》です。著作権法《ちょさくけんほう》には「複《ふく》製権《せいけん》」と書いてあります。これを「複製《ふくせい》できる権利《けんり》」と誤解《ごかい》する人がいますが、そうではなく「無断《むだん》で人々に複製《ふくせい》されない権利《けんり》」という意味です。

【版権《はんけん》】

いろいろな業界でまだ使っている人がいますが、これは明治時代の用語です。今の法律《ほうりつ》には存在《そんざい》せず、「何を意味するか」が人によってちがうので、誤解《ごかい》を防《ふせ》ぐため、使わない方がいい用語です。

【出版権《しゅっぱんけん》】

これは、「著者《ちょしゃ》」と「出版社《しゅっぱんしゃ》」の間で「契約《けいやく》」をすることによって、著者《ちょしゃ》が持っている「無断《むだん》でコピーされない権利《けんり》」の一部（紙の本やCDでの出版《しゅっぱん》の場合）または「無断《むだん》で人々（公衆《こうしゅう》）に伝達されない権利《けんり》」の一部（電子出版《しゅっぱん》の場合）を、出版社《しゅっぱんしゃ》に移《うつ》したものです。ですから、「本を出版《しゅっぱん》した出版社《しゅっぱんしゃ》が自動的に持つ権利《けんり》」ではありません。なぜ権利《けんり》の一部を著者《ちょしゃ》から出版社《しゅっぱんしゃ》に移《うつ》すのかというと、そうしておけば、「無断《むだん》でコピーした人」「無断《むだん》で人々（公衆《こうしゅう》）に伝達した人」を、著者《ちょしゃ》だけでなく（無断《むだん》でコピーされたり、人々（公衆《こうしゅう》）に伝達されたりすると損《そん》をする）出版社《しゅっぱんしゃ》も訴《うった》えることができるようになるからです。

第11話

「財布《さいふ》」を守る権利《けんり》②
無断《むだん》で「人々に伝達」されない権利《けんり》

ここでは、「財布《さいふ》を守る権利《けんり》」にふくまれる「三種類の権利《けんり》」のうち二番目の、「無《む》断《だん》で人々（公衆《こうしゅう》）に伝達されない権利《けんり》」について、お話しします。

「結果」ではなく「行為《こうい》」が対象

第10話でお話しした「無断《むだん》でコピーされない権利《けんり》」は、「同じものができた」という「結果」に着目したものでした。

それに対して、ここでお話しする、人々に「伝える」（伝達する）ことに関する権利《けんり》は、「伝わった」という「結果」ではなく、「伝わるようなことをする」という「行為《こうい》」に着目しています。

ちょっとわかりにくいですね。例を出してみましょう。

例えば、だれかが「無断《むだん》でコピーしようとしてコピー機のスイッチを入れた」が「これていたのでコピーできなかった」という場合、「コピーするような行為《こうい》はしたが、結果的にはコピーはできなかった」わけです。この場合、著作権《ちょさくけん》(無断《むだん》でコピーされない権利《けんり》)を侵害《しんがい》したことにはなりません。

それに対して、放送局が「無断《むだん》で人々に伝えようとして放送した」(行為《こうい》をした)が、結果的には「その時間帯にはだれもそのチャンネルを見ていなかった」という場合であっても、著作権《ちょさくけん》(無断《むだん》で人々に伝達されない権利《けんり》)を侵害《しんがい》したことになるのです。

最初に著作権《ちょさくけん》の法律《ほうりつ》ルールを作ったヨーロッパの芸術家《げいじゅつか》たちは、こうしたズレが生じていたことに、気づいていなかったようです。

なぜなら、当時は、コンテンツを「人々に伝える」ための方法は、一つしかなかったからです。

それは「舞台上《ぶたいじょう》で演《えん》じる」(音楽なら演奏《えんそう》、劇《げき》なら上演《じょうえん》)ということです。ですから最初は、「無断《むだん》でコピーされない権利《けんり》」と「無断《むだん》で演《えん》じられない権利《けんり》」の二つだけでした。

「人々に伝える手段《しゅだん》」の拡大《かくだい》

ところがその後、技術《ぎじゅつ》の発達によって、「人々に伝える手段《しゅだん》」がどんどん増《ふ》えていきました。

まず、「映画《えいが》」が発明されました。映画《えいが》を「演《えん》じる」とはいいませんね。映画《えいが》は「上《じょう》映《えい》する」ものです。このため「無断《むだん》で上映《じょうえい》されない権利《けんり》」が作られました。

次に、「放送」が発明されました。放送を「上映《じょうえい》する」とはいいませんね。そこで「無断《むだん》で放送されない権利《けんり》」が作られました。

さらに、「オンデマンド送信」（受信者がアクセスしたものだけを送信する方式）の時代になりましたが、それは「放送」とはちがいます。そこで、実は日本が世界で初めて、インターネットに対応《たいおう》した「無断《むだん》で送信されない権利《けんり》」を作りました。

実は、「無断《むだん》でレンタルされない権利《けんり》」も、日本が世界で初めて作ったものです。

こうした流れの中で、だれかがおそらく「しまった。最初から『公衆《こうしゅう》に伝わったという結果を無断《むだん》で作られない権利《けんり》』にしておけばよかった」と気づいたでしょう。

「コピー」の場合と同じように、「結果として人々に伝わった」という状態《じょうたい》を（方法を問わず）無断《むだん》で作られない権利《けんり》としておけば、権利《けんり》は一つでよかったのです。

でも、もうおそいですね。全体を変えるのは大変です。そこでどの国でも、この系《けい》統《とう》の権利《けんり》は、非常《ひじょう》に多くなっています。日本では（コピーに関する権利《けんり》は一つなのに）伝えることに関する権利《けんり》の方は、次のようにたくさん著作権法《ちょさくけんほう》に書かれています。

・無断《むだん》で人々に「演奏《えんそう》」されない権利《けんり》（音楽）
・無断《むだん》で人々に「上演《じょうえん》」されない権利《けんり》（演劇《えんげき》）
・無断《むだん》で人々に「口述《こうじゅつ》」されない権利《けんり》（文章・物語）
・無断《むだん》で人々に「上映《じょうえい》」されない権利《けんり》（動画・静止画）
・無断《むだん》で人々に「展示《てんじ》」されない権利《けんり》（美術品《びじゅつひん》など）
・無断《むだん》で人々に「送信」されない権利《けんり》（ネット・放送）
・無断《むだん》で人々に「貸与《たいよ》」されない権利《けんり》（レンタル）
・無断《むだん》で人々に「譲渡《じょうと》」されない権利《けんり》（販売《はんばい》）

ややこしいですね。そこでここでは、全体をまとめて「無断《むだん》で人々（公衆《こうしゅう》）に伝達されない権利《けんり》」としてお話しします。この権利《けんり》の対象になっている行為《こうい》は、次の三つに大きく分けられます。

①「目の前」にいる人々に「直接《ちょくせつ》」に「見せる」「聞かせる」

・音楽 ↓ 演奏《えんそう》（CDなどに録音されたものの再生《さいせい》もふくむ）
・演劇《えんげき》 ↓ 上演《じょうえん》（DVDなどに録画されたものの再生《さいせい》もふくむ）
・文章 ↓ 口述《こうじゅつ》（CDなどに録音されたものの再生《さいせい》もふくむ）
・画像《がぞう》 ↓ 上映《じょうえい》（静止画と動画の両方が対象）
・美術品《びじゅつひん》 ↓ 展示《てんじ》（コピーの展示《てんじ》はふくまれない）
・放送されるコンテンツ ↓ 受信しながら人々に見せたり聞かせたりすること

②「離《はな》れた場所」にいる人々に「送信」する

・ネット配信 ↓ インターネットやイントラネットなど、受信者がアクセスしたコンテンツだけを送信すること
・無線放送・有線放送 ↓ 常《つね》に「受信者の手元」までコンテンツを送信すること
・情報《じょうほう》送信サービス ↓ 電話やメールでの申《もう》し込《こ》みを受けて、ファックスやメールでコンテンツを送信するサービスをすること

（注　この「送信」には「一つの学校の中」の送信はふくまれないので、例えば「給食の時間に校内放送で音楽を流す」ことは自由にできる。ただし、校内LANのサーバーを

使うと、放送する前に「サーバー内にコピーを作る」ことになるので、「コピーしてもよいか」の確認《かくにん》が必要）

③「目の前」の人々や「離《はな》れた場所」の人々に「コピーをわたすこと」で伝える

・貸与《たいよ》（貸《か》すこと）
・譲渡《じょうと》（ゆずりわたすこと）

（注　「無断《むだん》で譲渡《じょうと》されない権利《けんり》」は、「海賊版《かいぞくばん》を売ろうとしている人」をストップするためのものなので、「最初の一回の譲渡《じょうと》」だけが対象。普通《ふつう》に買ってきた本やCDなどは、すでに合法的に「一回売られている」ので、友だちにプレゼントしたり中古品店に売ったりしても問題ない）

これらの中で、みなさんが日常生活《にちじょうせいかつ》で特に注意しなければいけないのは、「送信」ですね。自分のブログや学校のホームページ（ウェブサイト）などもふくめ、「インターネットのサイトにアップロードする」ということは、「多くの人々に向けて送信する」ということです（第10話で説明したように、このとき同時に、サーバーの中に「コピーを作る」ということも行われています）。

したがって、「他人が作ったもの」（文章・写真・動画・絵など）をアップロードするときには、原則《げんそく》として「作った人」の了解《りょうかい》を得なければなりません。

なお、「人々に伝える」ことに関する権利《けんり》についてもいろいろな「例外のルール」がありますが、それについては第21話以降《いこう》でお話しします。

「人々（公衆）に伝える」とは？

① 「目の前」の人々に ⟶ **直接見せたり聞かせたりする**
- 演奏（音楽）
- 上演（演劇）
- 口述（文章）
- 上映（画像）
- 展示（美術品など）
- 放送を受信しながら見せたり聞かせたりする

② 「離れた場所」の人々に ⟶ **送信する**
- ネット配信
- 放送
- 情報送信サービス

③ 「目の前」や「離れた場所」の人々に ⟶ **コピーをわたす**
- 貸す（貸与）
- ゆずる（譲渡）

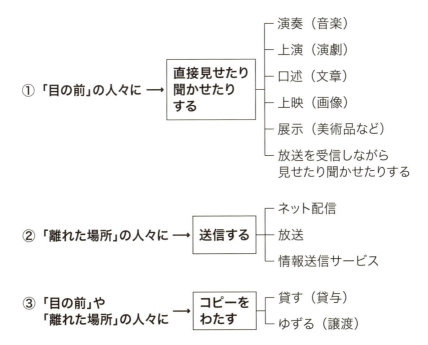

第12話

ところで「公衆《こうしゅう》」ってだれ？

ここでは、第11話で説明した「無断《むだん》で人々（公衆《こうしゅう》）に伝達されない権利《けんり》」に関する話の追加として、「公衆《こうしゅう》とはだれのことか？」ということについて、お話しします。

「コピー」の場合とはちがい「公衆《こうしゅう》向け」の場合に限定《げんてい》

「人々（公衆《こうしゅう》）」と書きましたが、このカッコの中の「公衆《こうしゅう》」というのが、実は著作権《ちょさくけん》法《ほう》に書いてある法律上《ほうりつじょう》の用語です。

「無断《むだん》でコピーされない権利《けんり》」と「無断《むだん》で人々（公衆《こうしゅう》）に伝達されない権利《けんり》」の間には、「コピーができたという結果」に着目しているか「人々に伝えるような行為《こうい》をしたこと」に着目しているか――というちがいがありましたね。
実はもう一つ、もっと大きなちがいがあるのです。法律用語《ほうりつようご》を使うと、この二種類の権利《けんり》は、次のように書かれます。

・無断《むだん》で「複製《ふくせい》」されない権利《けんり》
・無断《むだん》で「公衆《こうしゅう》」に「伝達」されない権利《けんり》

この両者のどこがちがうかというと、複製《ふくせい》の方は単に「複製《ふくせい》」ですが、伝達の方には「公衆《こうしゅう》に」という限定《げんてい》がついていることです。

「コピー」については、他人が作ったコンテンツを無断《むだん》でコピーした場合、それを「公衆《こうしゅう》に配布《はいふ》」しようとしまいと、著作権《ちょさくけん》を侵害《しんがい》したことになります。

それに対して「伝達」については、「公衆《こうしゅう》に」伝達するような行為《こうい》をした場合のみが、著作権《ちょさくけん》を侵害《しんがい》したことになるのです。

では、「公衆《こうしゅう》」とは、いったいどんな人々のことをいうのでしょうか。多くの人は、「公衆《こうしゅう》」＝「不特定多数の人々」と誤解《ごかい》していますが、実はこれはまちがいです。

普通《ふつう》は「公衆《こうしゅう》」＝「不特定の人」（多数とは限《かぎ》らない）

正しくは、法律上《ほうりつじょう》の「公衆《こうしゅう》」とは、「不特定の人」を意味します。

「不特定多数の人々」ではなく「不特定の人」だということは、「多数でなく少数でもいい」（一人の場合もある）ということです。

では、「不特定少数」とは、どういう場合でしょうか。

例えば、第11話で、「動画・静止画」については、「上映《じょうえい》」という行為《こうい》が、無断《むだん》でしてはいけない「伝達」にふくまれる、ということをお話ししました。

例えば、「お金を取って公衆《こうしゅう》に映画《えいが》を見せる」という行為《こうい》は、作った人に無断《むだん》ですると、著作権《ちょさくけん》を侵害《しんがい》したことになります。

では、次のような状況《じょうきょう》を考えてみてください。学校の校庭に、公衆《こうしゅう》電話のボックスくらいの大きさの箱を置きます。そして、その中に、ＤＶＤプレーヤーを置いて、映《えい》画《が》を上映《じょうえい》します。

箱が小さいので、「一回に一人」しか入れませんが、順番を待てば、だれでも、中に入ってＤＶＤを見ることができます。

この場合も「公衆《こうしゅう》向けに上映《じょうえい》した」ということになるのです。まだ「最初の一人しか見ていない」という場合でも同じですし、無料でも1回百円というように有料でも同じです。

順番を待てばだれでも見られるわけですが、この**「だれでも」**というのを、法律用語《ほうりつよう》では「不特定の人」＝「公衆《こうしゅう》」というのです。

この場合、最初の一人に見せた段階《だんかい》で「不特定少数の人向けに無断《むだん》で上映《じょうえい》した」＝「公衆《こうしゅう》向けに上映《じょうえい》した」ということになり、著作権《ちょさくけん》を侵害《しんがい》したことになるわけです。

この箱を少し大きくして、一度に五人入れるようにし、さらに大きくして百人入れるようにしたら、それはもう「映画館《えいがかん》」ですね。「一度に一人」でも「一度に百人」でも、「だれでも見られる状況《じょうきょう》で上映《じょうえい》した」ということは同じでしょう。これが、「公衆《こうしゅう》向け」ということの意味なのです。

よく考えてみると、この「だれでも入れる」とか「だれでも使える」という意味で「公衆《こうしゅう》」という用語を使っている例は、法律《ほうりつ》でなくてもたくさんありますね。

例えば、「公衆《こうしゅう》電話」「公衆《こうしゅう》無線LAN」「公衆《こうしゅう》トイレ」「公衆《こうしゅう》浴場」などです。すべて「だれでも…」でしょう。これで、「公衆《こうしゅう》」の意味がわかりましたね。

著作権《ちょさくけん》の場合は「公衆《こうしゅう》」＝「不特定の人」＋「特定で多数の人々」

　しかし、著作権《ちょさくけん》の場合だけは、それでは不十分です。「不特定の人」の反対は「特定の人」ですので、「公衆《こうしゅう》」＝「不特定の人」だと、「特定の人」向けに伝達する場合は、著作権侵害《ちょさくけんしんがい》にならない、ということになってしまうからです。

　それでは困《こま》るのです。例えば、次のような状況《じょうきょう》を考えてみてください。

　貸与《たいよ》（レンタル）は、第11話でお話ししたように、「無断《むだん》で公衆《こうしゅう》に伝達されない権利《けんり》」の対象となる行為《こうい》です。

　ですから、「CDレンタル」とか「DVDレンタル」とか「貸本屋《かしほんや》」は、すべて作った人の了解《りょうかい》を得なければなりません。

　そこで、了解《りょうかい》を得ずに無断《むだん》でしているレンタル店があったとします。そして、権利《けんり》者《しゃ》がそこへ行って、「あなた、無断《むだん》で公衆《こうしゅう》向けのレンタルをしてるでしょ！」と文句《もんく》を言ったとします。

　すると店主は、「いえいえ、うちは決して『不特定の人』にはレンタルしていません。この店の『会員』にしかレンタルしていないのです。会員は『特定の人々』ですから、『公衆《こうしゅう》』ではありません」と反論《はんろん》するでしょう。

つまり、「公衆《こうしゅう》」＝「不特定の人」としておくと、「会員組織《そしき》」（特定の人々で構成《こうせい》するもの）を作ることによって、著作権侵害《ちょさくけんしんがい》からのがれることができてしまうのです。

そのため、著作権法《ちょさくけんほう》だけは、「公衆《こうしゅう》」＝「不特定の人」ではなく、「公衆《こうしゅう》」＝「不特定の人」＋「特定多数の人々」にしてあります。会員組織《そしき》などを作っても、「多数の人々向け」に伝達すると、「公衆《こうしゅう》向け」になるわけです。

何人以上なら「多数」になるかは、個々《ここ》のケースについて、裁判所《さいばんしょ》に決めてもらうしかないのですが、一般《いっぱん》には「五十人を超《こ》えたら確実《かくじつ》に多数」といわれています。

著作権《ちょさくけん》がおよばない「特定少数の人」とは？

では、「世の中のあらゆる人々」から、「不特定の人」と「特定多数の人々」を引いたら、何が残るでしょうか。

その答えは、「特定少数の人」ですね。つまり、「特定少数の人」向けに伝える場合は、著作権《ちょさくけん》はおよびません。例えば次のような例は、相手が「特定少数」なので、無《む》断《だん》でしても、著作権侵害《ちょさくけんしんがい》にはならないのです。

・子どもたちが家族の前で歌を歌う（演奏《えんそう》）
・親せきの集まりで兄弟が劇《げき》をする（上演《じょうえん》）
・おかあさんが子どもに本を読み聞かせる（口述《こうじゅつ》）
・特定の友人一人に電話で話しながら歌を歌う（送信）
・特定の友人一人にメールを送る（送信）
・特定の友人一人にファックスを送る（送信）
・特定の友人一人に本を貸《か》す（貸与《たいよ》）

第10話でお話しした「メールでの『送信』には著作権《ちょさくけん》はおよばない」という意味がわかりましたね。ただし、第11話に出てきた「メールでの情報《じょうほう》送信サービス」は「申《もう》し込《こ》みがあればだれにでも送信する」ものなので、「一回に送る相手は一人」でも「公《こう》衆《しゅう》向け」になります。「一度に一人」の「箱の中での映画《えいが》上映《じょうえい》」と同じですね。

「公衆」とは?

① 一般の公衆 ＝「不特定」の人

「公衆向けに」＝「**だれでも** OK」ということ
（例）公衆電話、 公衆トイレ、 公衆浴場

② 著作権の世界での公衆

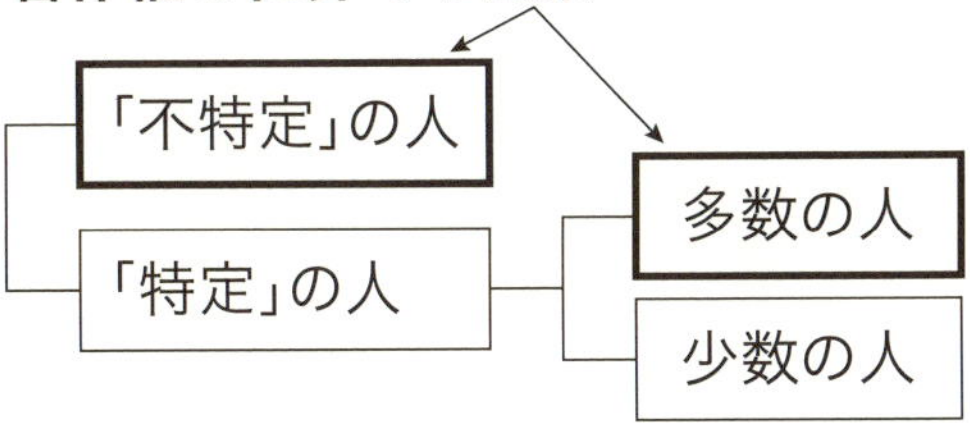

第13話

「財布《さいふ》」を守る権利《けんり》③ 無断《むだん》で「加工」されない権利《けんり》

ここでは、「財布《さいふ》を守る権利《けんり》」にふくまれる「三種類の権利《けんり》」のうち三番目の、「無《む》断《だん》で加工されない権利《けんり》」についてお話しします。

ここでいう「加工」の意味については、第6話に出てきましたね。例示《れいじ》をしながら、ちょっと復習《ふくしゅう》してみましょう。

【翻訳《ほんやく》】言語を変えること

例　英語の小説を日本語に加工すること

（注　漢字とひらがなで書かれた日本語の小説の文章を「ローマ字」にすることや、「点字」にすることは、「表記方法」を変えているだけで、同じ日本語なので、翻訳《ほんやく》ではない）

【編曲《へんきょく》】曲調を変えること

例　静かな曲をＡＫＢ48の歌のように加工したり、ロックの曲を歌謡曲風《かようきょくふう》に加工したりすること

【脚色《きゃくしょく》】ストーリーを脚本《きゃくほん》の形に直すこと

例　小説を演劇用《えんげきよう》の脚本《きゃくほん》に加工すること（出演者《しゅつえんしゃ》ごとのセリフにしたり、舞台装置《ぶたいそうち》や照明に関する指示《しじ》を加えること）

【変形】平面・立体の次元を変えることなど

例　マンガの主人公をフィギュアに加工すること（二次元のもの→三次元のもの）彫刻《ちょうこく》を絵にすること（三次元のもの→二次元のもの）写真を絵にすること

【映画化《えいがか》】ストーリーを動画にすること

例　小説を映画《えいが》に加工すること
マンガをアニメに加工すること

【その他】表現《ひょうげん》のしかたを変えること

例　内容《ないよう》を縮《ち》めて「要約」すること
大人向けの小説を教科書にのせるために、子ども向けに書きかえること

こうした「加工」をして「加工品」を作りたい場合には、元のコンテンツを作った人の了解《りょうかい》を得ないと、著作権侵害《ちょさくけんしんがい》になります。

第6話で説明しましたが、この場合の「元のコンテンツ」のことを、加工品に対して**「原作」**といい、原作を作った人（著作者《ちょさくしゃ》）のことを**「原作者」**というのでしたね。

「加工品」の方は、それぞれの加工のしかたによって、例えば「翻訳版《ほんやくばん》」「日本語版《ばん》」「編曲《へんきょく》作品」「脚色版《きゃくしょくばん》」「ぬいぐるみ版《ばん》」「映画化《えいがか》作品」「要約版《ばん》」など、いろいろな呼《よ》び方《かた》をされています。

今度テレビのドラマを見たときには、最後の「エンドロール」をよく見てみてください。エンドロールとは、最後の所で、「出演者《しゅつえんしゃ》」や「スタッフ」の名前を画面に流している部分です。

普通《ふつう》は俳優《はいゆう》さんの名前しか見ないでしょうが、エンドロールの最初か最後に、「脚本《きゃくほん》○○○○」と、脚本《きゃくほん》を書いた人が紹介《しょうかい》されているはずです。

そのとき、その前か後に「原作○○○○」というのがないか、注意してみてください。もし「原作者」の表示《ひょうじ》があれば、そのドラマの脚本《きゃくほん》は「原作を加工したもの」（小説などの「原作」のストーリーを脚本《きゃくほん》の形に加工したもの）だということです。

また、もし「原作者」の表示《ひょうじ》がなければ、その脚本《きゃくほん》は、「ストーリーも脚本家《きゃくほんか》自身が考えて、最初からいきなり脚本《きゃくほん》の形で書いたもの」だということです。

「原作の著作者《ちょさくしゃ》」と「加工品の著作者《ちょさくしゃ》」の関係は？

この「加工」については、「原作を作った人は『無断《むだん》で加工されない権利《けんり》』を持つ」ということのほかに、もう一つ、非常《ひじょう》に重要なことがあります。

それは、原作者が加工者に対して「加工してもいいよ」と了解《りょうかい》をあたえ、加工品ができた後の話です。

この加工品の「著作者《ちょさくしゃ》」（著作権《ちょさくけん》を持つ人）は、だれでしょうか。

著作権《ちょさくけん》を持つ著作者《ちょさくしゃ》とは、そのコンテンツを「作った人」ですので、「加工品の著作《ちょさく》者《しゃ》」は、原作者ではなく、「加工者」（加工品を作った人）です。

しかし、その「加工品」をコピー・ネット配信などで利用することについては、法《ほう》律《りつ》ルールによって、「加工者と全く同じ『財布《さいふ》を守る権利《けんり》』を、原作者も持つ」ことになっています（第6話でも簡単《かんたん》にふれました）。

「原作者」と「加工者」がいる場合に、「心を守る権利《けんり》」はどうなるのか――ということについては、第9話でお話ししましたね。「加工品」について「原作者」が持つ

「心を守る権利《けんり》」については、条件《じょうけん》がついていました。

これに対して、「財布《さいふ》を守る権利《けんり》」の場合は、「原作者」と「加工者」は、「全く同じ権利《けんり》」を持ちます。ですから、「明らかに加工品である場合」に、その加工品をコピーして売りたい人は、「加工者」だけでなく「原作者」の了解《りょうかい》も必要なのです。

例えば、テレビドラマを見て、「このドラマをＤＶＤにして売ろう」と思った社長さんは、エンドロールをよく見て、「原作者」がいるかどうかを確認《かくにん》しなければなりません（原作者がいたら、原作者の了解《りょうかい》も得ることが必要です）。

また、「英語の小説が日本語に翻訳《ほんやく》されたもの」を出版《しゅっぱん》したい社長さんも、「日本語に翻訳《ほんやく》した人」（加工品の著作者《ちょさくしゃ》）だけでなく「英語の原作を書いた人」（原作者）をさがし出して、了解《りょうかい》を得る必要があるわけです。

「加工品」の利用については、常《つね》に「原作者」と「加工者」の両方の了解《りょうかい》が必要ですので、「原作者」が加工品を利用するときには「加工者」の了解《りょうかい》を得ることが必要ですし、逆《ぎゃく》に、「加工者」自身が自分の加工品を利用するときには、「原作者」の了解《りょうかい》が必要になるわけです。

原作者と加工者の関係

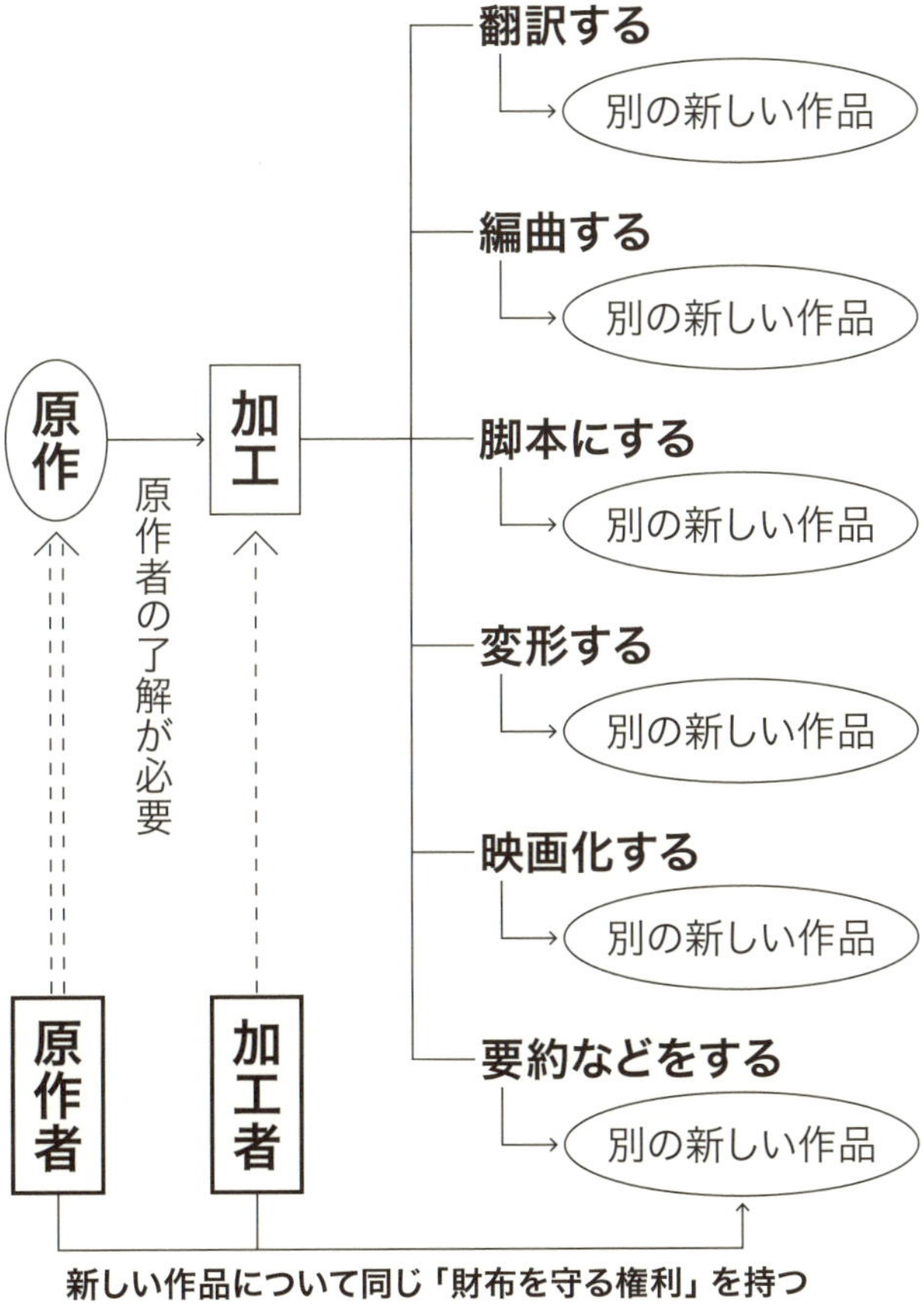
翻訳する
別の新しい作品
編曲する
別の新しい作品
原作
加工
脚本にする
別の新しい作品
原作者の了解が必要
変形する
別の新しい作品
映画化する
別の新しい作品
原作者
加工者
要約などをする
別の新しい作品
新しい作品について同じ「財布を守る権利」を持つ

忘《わす》れられがちな「同時通訳者《つうやくしゃ》の著作権《ちょさくけん》」

翻訳《ほんやく》作品を利用するときなどには、「加工者」のほかに「原作者」という権利者《けんりしゃ》がいる——ということがよく忘《わす》れられてしまいます。

しかし、これとは逆《ぎゃく》に、「原作者」だけが注目されて、「加工者にも著作権《ちょさくけん》があるのだ」ということが、よく忘《わす》れられてしまう場面もあります。

その典型が、国際《こくさい》会議などでの「同時通訳者《つうやくしゃ》」の著作権《ちょさくけん》です。

例えば、アメリカから来たエライ人が国際《こくさい》会議で英語で演説《えんぜつ》し、それを同時通訳《つうやく》の人が日本語に通訳《つうやく》した、という場合を考えてみましょう。

この場合、「同時通訳《つうやく》（翻訳《ほんやく》＝加工）された日本語版《ばん》」の著作権《ちょさくけん》は、「加工品を作った人」である「同時通訳者《つうやくしゃ》」が持っているのです。もちろん原作者（アメリカ人）も著作《ちょさく》権《けん》を持っているのですが、「同時通訳《つうやく》された日本語版《ばん》を録音し、本にして出版《しゅっぱん》する」という場合に、同時通訳者《つうやくしゃ》の了解《りょうかい》を得ることを忘《わす》れてしまう人が少なくありません。

「話の内容《ないよう》を考えたのはアメリカの人だ」という意識《いしき》からそうなってしまうのでしょうが、「加工品」については「加工した人が著作者《ちょさくしゃ》だ」ということを、忘《わす》れてはならないのです。

出版《しゅっぱん》
同時通訳《つうやく》された日本語版《ばん》を
本にして出版《しゅっぱん》するには
外国人選手だけでなく
同時通訳者《つうやくしゃ》の了解《りょうかい》が必要

第3章

まず「著作権《ちょさくけん》のルール」を知ろう②

～だれが著作権《ちょさくけん》を持つの？～

第14話

「著作者《ちょさくしゃ》」ってだれ？

ここでは、「著作者《ちょさくしゃ》とはだれか？」ということについてお話ししたいと思います。

これに対する正しい答えは、すでに第8話でお話ししました。コンテンツを**「作った人」**のことを、法律《ほうりつ》では「著作者《ちょさくしゃ》」と呼《よ》ぶのです。

わたしは、著作権《ちょさくけん》に関する講演《こうえん》や授業《じゅぎょう》などを、過去《かこ》数百回してきましたが、この点についてはいつも、「コンテンツを『作った人』が著作者《ちょさくしゃ》です」と説明してきました。

その次にいつも言うことは、「ですから、コンテンツを『作った人でない人』は、著《ちょ》作者《さくしゃ》ではなく、著作権《ちょさくけん》を持っていません」ということです。

ところが、これを言っても、だれも感心してくれないし、うなずいてもくれないし、メモも取ってくれません。

ほぼ全員が、「そんなことは当たり前ではないか」「この人は、なんでこんな当たり前のことを、わざわざ言っているのか」という顔をしています。

しかし、「コンテンツを『作った人でない人』は著作者《ちょさくしゃ》ではない」ということを、本当に理解《りかい》している人は、世の中に一割《わり》くらいしかいないのです。例えば、次のようなことを言うと、聞いている人々は、やっと事の重大性《じゅうだいせい》に気づきます。

「だれがお金を出したか？」は関係ない

「みなさんの会社や学校が、宣伝用《せんでんよう》のポスターを作るとします。外部のデザイン会社に注文して、その会社でポスターがデザイン・印刷され、必要部数が納品《のうひん》されて、お金をはらいました。さて、このポスターの著作者《ちょさくしゃ》はだれですか？」「注文してお金をはらった会社や学校は、このポスターを自由にコピーできますか？」

ここでやっと、「作った人でない人は著作者《ちょさくしゃ》ではない」（ので著作権《ちょさくけん》を持たない）（ので無《む》断《だん》でコピーできない）ということの重大性《じゅうだいせい》がわかるのです。

「作った人でない人は著作者《ちょさくしゃ》ではない」ということは、「全額《ぜんがく》お金をはらって注文した人でもね…」という、重大な意味をふくんでいるのです。

こうしたケースについて、多くの人々はまだ、「こっちが注文してお金もはらったんだから、どうしようとこっちの勝手。出前のピザとおんなじだ」と誤解《ごかい》しています。しかし、「コンテンツ」は、「ピザ」とはちがう法律《ほうりつ》ルールになっているのです。

「自分がお金を出して買った本でも、無断《むだん》でコピーしてはいけない」のと同じように、「自分がお金を出して作らせたもの」であっても、著作権《ちょさくけん》を持つのは、あくまでも「作った人」です。

ポスターを専門《せんもん》の会社にお金をはらって作ってもらうなどということは、明治時代からやっていたはずですが、なぜこんなことが、今ごろ問題になるのでしょうか。

その答えは、第1話ですでにお話ししました。つまり、多くの人々が、コピー機やパソコンなど、「既存《きそん》のコンテンツを利用する手段《しゅだん》」を手にしたからです。明治時代にポスターを注文していた人々は、できあがったポスターを丸ごとコピーできるようなカラーコピー機とか、スキャナー付きのパソコンなどといった物は、持っていませんでした。

当時から「注文を受けて製作《せいさく》されたポスターの著作者《ちょさくしゃ》は作った人」「注文してお金を出した人は著作者《ちょさくしゃ》ではないので、無断《むだん》ではコピーできない」という法律《ほうりつ》ルールはあったのです。

製作《せいさく》を注文した会社などは、「お金をはらって注文したのだから、こちらに著作権《ちょさくけん》がある」と誤解《ごかい》していたかもしれませんが、元々「コピーする手段《しゅだん》」を持っていなかったので、問題になることはありませんでした。

しかし今では、カラーコピー機やスキャナーやパソコンを、多くの企業《きぎょう》や学校が持つようになったので「こっちが注文したのだからこっちのもの」と誤解《ごかい》して、著作権《ちょさくけん》侵害《しんがい》になる無断《むだん》利用をする人が増《ふ》えたのです。

そうした問題を起こさないためには、「だれが著作権《ちょさくけん》を持つのか」ということを、「契約《けいやく》」のときにしっかり決めておくことが必要です。

「財布《さいふ》を守る権利《けんり》」は、第8話でお話ししたように、他人に売ることができます。ですから、「自由にコピーや送信をしたい」と思って「注文する人」は、注文をする時点で「作る人」と交渉《こうしょう》し、「財布《さいふ》を守る権利《けんり》を買い取る」という契約《けいやく》をすればいいのです。

「会社の社員」が「仕事として作った」場合は？

ところで、例えば「会社の社員が仕事の一部としてコンテンツを作った場合」や「学校の先生が仕事として学校案内の文章を書いた場合」などについては、「仕事で作ったのだから、会社や学校の側が著作権《ちょさくけん》を持つべきだ」という考え方もあり得ます。

多くの国では、そうしたことは、就職《しゅうしょく》するときの契約書《けいやくしょ》（雇用契約書《こようけいやくしょ》）に書いて決めるのですが、日本人は（ポスターを発注するときも就職《しゅうしょく》するときも）契約《けいやく》というものをちゃんとしないため、そうした場合のルールも、やむを得ず著作権法《ちょさくけんほう》に書いてあります。

次の条件《じょうけん》をすべて満たす場合には、「やとっている側が著作者《ちょさくしゃ》」になるのです。

① 会社や学校の**「業務《ぎょうむ》」**として作られたものであること
② 本人の**「職務《しょくむ》」**として作られたものであること
③ 会社や学校の**「名義《めいぎ》」**で公表されるべきものであること
④ 雇用契約《こようけいやく》などに**「個人《こじん》を著作者《ちょさくしゃ》にする」と書いてない**こと

会社や学校に「やとわれている人」が作るコンテンツの大部分は、この四条件《じょうけん》を満たしますので、職員《しょくいん》ではなく「やとっている側」が著作者《ちょさくしゃ》になります。この場合、「心を守る権利《けんり》」も（実際《じっさい》に作った人ではない）会社などに行ってしまいますので、この法律《ほうりつ》ルールはちょっとおかしいですね。本来は雇用契約《こようけいやく》で決めるべきなのです。

「映画《えいが》会社」を優遇《ゆうぐう》するための特別な法律《ほうりつ》ルール

もう一つ、動画コンテンツ（映画《えいが》など）の場合の例外があります。映画《えいが》などの動画コンテンツが作られる方式は、大きく次の三つに分かれます（多くは③です）。

① **「個人《こじん》」**が、デジカメなどで撮影《さつえい》した場合
② 映画《えいが》会社の**「社員である映画《えいが》監督《かんとく》」**が、仕事として撮影《さつえい》した場合
③ 映画《えいが》会社が、**「社外の映画《えいが》監督《かんとく》」**に依頼《いらい》して、撮影《さつえい》してもらった場合

これらの場合、著作権《ちょさくけん》については次のようになります。

① **「その個人《こじん》」**が著作者《ちょさくしゃ》（原則《げんそく》どおり）
② **「会社」**が著作者《ちょさくしゃ》（「会社の社員」が「仕事として作った」から）
③ **「財布《さいふ》を守る権利《けんり》」＝映画《えいが》会社**が持つ。**「心を守る権利《けんり》」＝監督《かんとく》**が持つ。

これらのうち、③の法律《ほうりつ》ルールは、ちょっとヘンですね。ポスターの例で説明した

ように、「コンテンツの作成をだれかに依頼《いらい》した場合」は、「依頼《いらい》した人」ではなく、実《じっ》際《さい》に「作った人」が著作権《ちょさくけん》を持つはずです。

しかし、「映画《えいが》」の場合だけは、「作った人」である映画監督《えいがかんとく》には「心を守る権利《けんり》」しか残らず、「コピー・送信・レンタルなどに関する権利《けんり》」（お金をもうけるための権利《けんり》）は、すべて自動的に映画《えいが》会社に行ってしまうのです。

著作権《ちょさくけん》に関する本の中には、この法律《ほうりつ》ルールの理由として「映画《えいが》会社がお金を出しているから」と書いている本がありますが、それはウソです。それなら、ポスターの場合もそうなるはずだからです。

なぜこのような、「映画《えいが》会社に有利」で「映画監督《えいがかんとく》に不利」な法律《ほうりつ》ルールになっているのかというと、それは、「映画《えいが》業界」の「政治力《せいじりょく》」（多くの国会議員が味方になってくれるという状況《じょうきょう》を作れる力）が強かったからです。

日本は（国会での多数決で法律《ほうりつ》ルールを決める）「民主主義《みんしゅしゅぎ》の国」だということは、そういうことも意味しているのです。

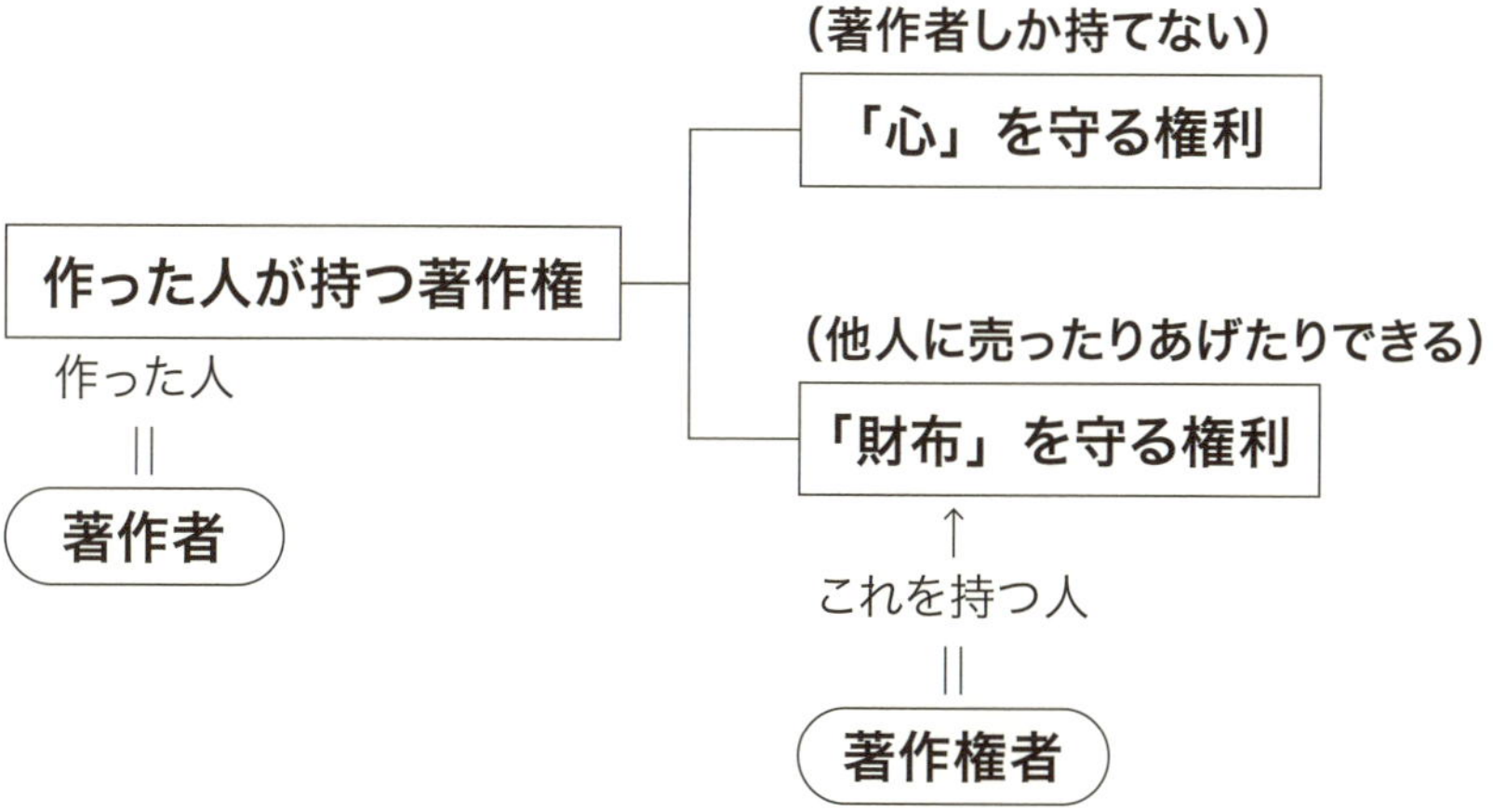
（著作者しか持てない）
「心」を守る権利
作った人が持つ著作権
（他人に売ったりあげたりできる）
作った人
「財布」を守る権利
著作者
これを持つ人
著作権者

第15話

アニメ化された「マンガ」の権利《けんり》は？

ここでは、これまでいろいろお話ししてきたことの応用《おうよう》を、みなさんにとって身近な例で、考えてみましょう。

例として取り上げるのは、「アニメ」（テレビのアニメ番組やアニメ映画《えいが》）です。アニメの多くは、「マンガ」を「原作」として作られていますね。その場合、だれがどのような著作権《ちょさくけん》を持つのでしょうか。

「マンガ」ではなく「小説」をアニメ化した場合

いきなり複雑《ふくざつ》な話から始めるのはさけて、単純《たんじゅん》なケースから見てみましょう。

まずあげる例は、「アルプスの少女ハイジ」です。「アルプスの少女ハイジ」の原作は、実は「マンガ」ではなく（絵のない文章だけで書かれた）「小説」でした。それを、ある人が「アニメにしよう」と考えたのです。

正確《せいかく》にいうと、「小説のストーリー」を「原作」として、それを（アニメの形での）「映《えい》画化《がか》」という方法で、「加工」しようと考えたわけです。

そこで起こったことは、次のとおりです。わかりやすくするために、「小説」の著作《ちょさく》者《しゃ》（原作者）をＡさん、アニメに加工しようとしている会社をＢ社としましょう。

Ｂ社は、「原作」（小説）のストーリーを「加工」（映画化《えいがか》）することについて、「原作者」であるＡさんの了解《りょうかい》を得ます。そこでアニメを製作《せいさく》するわけですが、通常《つうじょう》の方法として、社外の「監督《かんとく》」（Ｃさん）に、アニメの撮影《さつえい》を依頼《いらい》しました。

アニメにはもちろん「絵」が必要です。そこで、アニメの絵を作る専門家《せんもんか》であるＤさんに絵をかいてもらい、それを、「部品」として、アニメに取《と》り込《こ》みました。

さらに、Ｅさんが作曲した音楽も、「部品」として、アニメに取《と》り込《こ》みました。

もちろん声優《せいゆう》さんも出演《しゅつえん》します。本当はたくさんの声優《せいゆう》さんがいますが、代表してＦさんとしましょう。Ｆさんの「声の演技《えんぎ》」も、アニメの「部品」になります。

この場合、できあがったアニメを、だれかが、コピー・放送・ＤＶＤ化・ネット配信などによって利用したい場合、だれの了解《りょうかい》を得なければいけないでしょうか。逆《ぎゃく》にいうと、だれが「財布《さいふ》を守る権利《けんり》」を持っているでしょうか。ちょっと整理してみましょう。

◆原作者（Aさん）

第13話でお話ししたように、「加工品」を使うことについては、「加工者」（加工品の著作者《ちょさくしゃ》）だけでなく、「原作者」も、同じ「財布《さいふ》を守る権利《けんり》」を持ちます（「心を守る権利《けんり》」の方は第9話に説明したように限定《げんてい》があります）。

ですから、アニメ全体をコピーしたりする場合には、原作者であるAさんの了《りょう》解《かい》を得ることが必要です。

◆アニメの製作者《せいさくしゃ》（B社・Cさん）

アニメは「動画」（映画《えいが》）ですが、動画について「権利《けんり》を持つ人」に関する次の特別な法律《ほうりつ》ルールについては、第14話でお話ししました。

● 「心を守る権利《けんり》」＝監督《かんとく》（Cさん）が持つ
● 「財布《さいふ》を守る権利《けんり》」＝映画《えいが》会社（B社）が持つ

したがって、この例の場合は、「心を守る権利《けんり》」はCさんが持ち、「財布《さいふ》を守る権利《けんり》」はB社が持つわけです。

◆部品の権利者《けんりしゃ》（Dさん・Eさん・Fさん）

「部品をふくむコンテンツ」をコピーしたり送信したりすると、「全体」と「すべての部品」が同時にコピー・送信されます。

このため、そうしたものを利用する場合には、「全体の権利者《けんりしゃ》」と「すべての部品の権利者全員《けんりしゃ》」の了解《りょうかい》が必要です（第6話で説明しました）。

この例の場合には、コピー・送信など「財布《さいふ》を守る権利《けんり》」の権利者《けんりしゃ》は、次のようになっています。

●「全体」の権利者《けんりしゃ》　＝　B社

●「部品」の権利者《けんりしゃ》　＝　Dさん（絵について）・Eさん（音楽について）

おや？「声優《せいゆう》」である「Fさん」がふくまれていませんね。実は、声優《せいゆう》さんの権利《けんり》は「映画《えいが》ができた時点で消えてしまう」のですが、そのことについては第20話でくわしくお話しします。

結局、このアニメをコピーや送信などで利用したい人が了解《りょうかい》を得るべき相手（＝財布《さいふ》を守る権利《けんり》を持つ人）は、次のとおりになるわけです。

・「原作者」　＝　Aさん
・「アニメ製作者《せいさくしゃ》」　＝　B社（監督《かんとく》であるCさんの了解《りょうかい》は不要）
・「部品の権利者《けんりしゃ》」　＝　Dさん・Eさん（声優《せいゆう》であるFさんの了解《りょうかい》は不要）

「マンガ」をアニメ化した場合

ではいよいよ、文字で書かれた小説ではなく、絵をふくむ「マンガ」を「アニメ」に加工した場合について考えてみましょう。

「マンガ」は、マンガ家が自分でストーリーを考える場合と、別の人が原作者としてストーリーを考える場合がありますが、ここではマンガ家が自分でストーリーを考える場合について説明します。

つまり、マンガ家は、「ストーリー（アニメの原作）を作る」ということと「絵（アニメの部品）を作る」ということの、二つの創作《そうさく》活動（二種類の著作物《ちょさくぶつ》を作ること）をしているわけです。

したがって、「マンガ」がアニメになると、マンガ家は、前記の「**Aさん**」（原作＝ストーリーの著作者《ちょさくしゃ》）と、「**Dさん**」（部品となる絵の著作者《ちょさくしゃ》）の、二つの立場を持つわけです。

さらに、マンガをアニメ化するときには、原作者の指導《しどう》が必要になることが多いので、マンガ家が、アニメ（映画《えいが》）を作る際《さい》の「監督《かんとく》」になったり、監督《かんとく》に等しい役割《やくわり》を果たしたりすることがあります。つまり、マンガ家が、「Cさん」（アニメの監督《かんとく》）の立場もかねることもあるのです。

全体を整理すると、マンガがアニメ化された場合、マンガ家は、最大で、次の三つの権利《けんり》を持つことになるわけです。

① 原作者としての権利《けんり》 ＝ ストーリー（原作）についての権利《けんり》
② 監督《かんとく》等としての権利《けんり》 ＝ アニメについての権利《けんり》（「心を守る権利《けんり》」のみ）
③ 部品作者としての権利《けんり》 ＝ 絵（部品）についての権利《けんり》

①と③の権利《けんり》は、マンガ家が持ちますが、②はマンガ家が監督《かんとく》の役割《やくわり》も行った場合だけです。

ある有名なアニメについて、原作者のマンガ家が、「無断《むだん》でコピーされた」と言って、相手を裁判《さいばん》に訴《うった》えたときには、裁判《さいばん》で「実質的《じっしつてき》に監督《かんとく》だった」（②の権利《けんり》がある）と弁護《べんご》士《し》が主張《しゅちょう》してしまい、マンガ家が敗訴《はいそ》しました。

「実質的《じっしつてき》に監督《かんとく》だった」（②の権利《けんり》がある）と認《みと》められたとしても、それは「心を守る権《けん》利《り》」だけで、コピーに関係する「財布《さいふ》を守る権利《けんり》」は映画《えいが》会社に行ってしまっているからです。

そのマンガ家の「絵」は、確実《かくじつ》に使われている（コピーされた）のですから、「③の権《けん》利《り》」の侵害《しんがい》として訴《うった》えれば、確実《かくじつ》に裁判《さいばん》に勝てたのです。

「アニメ」と「マンガ家」の関係は？

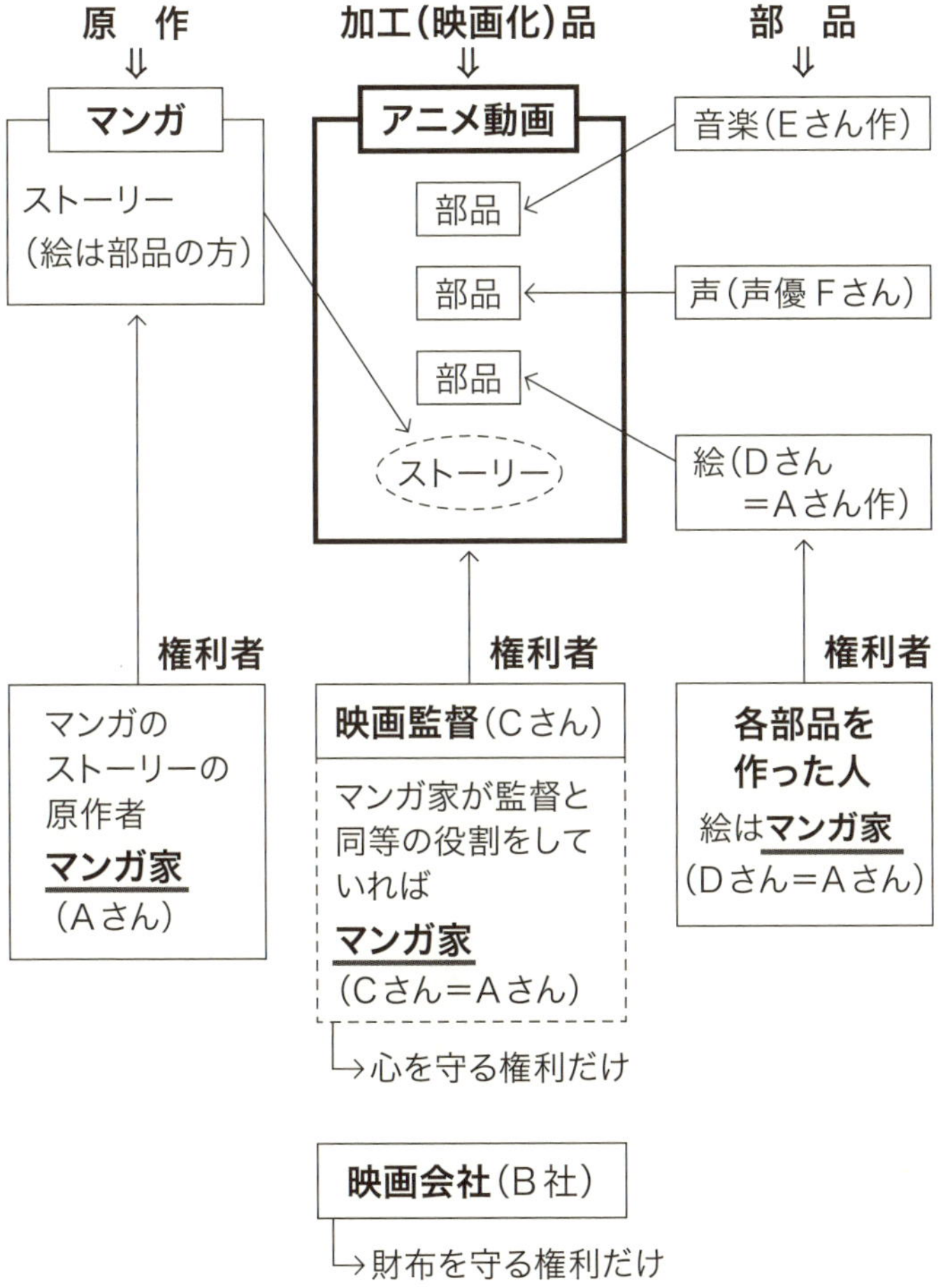

第16話

「作った人の著作権《ちょさくけん》」と「伝えた人の著作権《ちょさくけん》」

これまで、コンテンツを「作った人」の著作権《ちょさくけん》についてお話ししてきました。しかし実は、著作権《ちょさくけん》については、「もう一つ別のもの」があるのです。

最初からその話を出してしまうと、みなさんが混乱《こんらん》してしまうので、これまでは、あえてその話をしませんでした。ここからは、それについてのお話をします。

その「もう一つの著作権《ちょさくけん》」とは、コンテンツを「作った人」の著作権《ちょさくけん》ではなく、「伝えた人」の著作権《ちょさくけん》というものです。法律《ほうりつ》の用語では、この権利《けんり》のことを「著作隣接権《ちょさくりんせつけん》」といいます。

なぜ二つに分ける必要があるのかといったこともふくめ、これから徐々《じょじょ》にお話ししていきます。

「伝えた人の著作権《ちょさくけん》」を持つ「三種類の者」

まず、抽象的《ちゅうしょうてき》な理屈《りくつ》よりも、「その権利《けんり》は、だれが持っているのか？」という話から始めましょう。結論《けつろん》からいうと、「伝えた人の著作権《ちょさくけん》」を持っているのは、次の三つのグループの権利者《けんりしゃ》です。

① 放送した者（放送局など）
② 録音した者（レコード会社など）
③ 演《えん》じた者（歌手・俳優《はいゆう》など）

わかりやすくするために、「放送局」「レコード会社」「歌手・俳優《はいゆう》」などと書きましたが、権利《けんり》を持つのは「プロ」や「大人」とは限《かぎ》りません。「作った人の著作権《ちょさくけん》」の場合も、第7話でお話ししたように、プロの人（の小説）でも、小学生（の作文）でも、全く同じ著作権《ちょさくけん》があたえられるのでしたね。「伝えた人の著作権《ちょさく》」の場合も、例えば、「小学生が行ったコミュニティーFM放送」や「小学生が録音したSLの音」や「小学生が学芸会で歌った歌」について、プロの人々と全く同じ著《ちょ》作権《さくけん》があたえられています。

「放送局」は何をしているか？

これらのうち、保護《ほご》する趣旨《しゅし》が最もわかりやすいのは、①の「放送局」の場合でしょう。

例えば、テレビの「歌番組」とか「音楽番組」というものがありますね。放送局の人々が「番組」を作って放送しているわけですが、彼《かれ》らは「音楽」というコンテンツを「新しく作り出す」ということはしていません。

「前からあった音楽」を、だれかに歌わせたり演奏《えんそう》させたりして、それを電波にのせて「放送している」（人々に伝えている）だけです。ですから「作った人」（著作者《ちょさくしゃ》）ではないのです。

しかし、歌番組を流している放送局は、例えば、「来週はどの曲を流すか」「だれに歌ってもらうか」「伴奏《ばんそう》はオーケストラかギター一本か」「カメラはどことどこに置くか」「ライトはどうするか」「スタジオの背景《はいけい》はどうするか」など、いろいろなことを「工夫《くふう》しながら」、人々に「伝える」ということをしています。

この「工夫《くふう》」を評価《ひょうか》して、「伝えた人の著作権《ちょさくけん》」をあたえているのです。

具体的にいうと、もしみなさんが何かの「放送番組」を自宅《じたく》で受信して録画し、それをたくさんのＤＶＤにコピーして売ったとすると、「伝えた人の著作権《ちょさくけん》」を持つ「放送局」から訴《うった》えられるということです。ということは、「保護《ほご》されているコンテンツ」は、「番組」だということですね。

さらにいうと、「音楽番組を無断《むだん》で録画・ＤＶＤ化・販売《はんばい》した」という場合、無断《むだん》でコピー・販売《はんばい》されたのは「番組」だけではなく、番組の中に「部品」として入っていた「音楽」（著作物《ちょさくぶつ》）も、コピー・販売《はんばい》されていますね。「全体」をコピーすれば、必ず「部品」も同時にコピーされるからです。

その「部品」である「音楽」については、「作った人」（作詞家《さくしか》・作曲家）が持っている「作った人（著作者《ちょさくしゃ》）の著作権《ちょさくけん》」がおよんでいましたね。

ですから、音楽番組を無断《むだん》で録画・ＤＶＤ化・販売《はんばい》すると、「伝えた人の著作権《ちょさくけん》」を持っている「放送局」と、「作った人の著作権《ちょさくけん》」を持っている「作詞家《さくしか》・作曲家」（著作《ちょさく》者《しゃ》）の両方から、訴《うった》えられることになるわけです。

「放送局がしていること」と「レコード会社がしていること」は似《に》ている

このように考えると、①の「放送局」がしていることと、②の「レコード会社」がしていることは似《に》ている——ということがわかるでしょう。

放送局は、「すでにあった音楽」を「電波」にのせて人々に伝えていますが、レコード会社は、「すでにあった音楽」を「CD」に入れて人々に伝えています。

いわゆる「媒体《ばいたい》」(伝えるための道具)がちがうだけなのですね。

レコード会社も、次のCDを出すときには、「次のCDにはどの曲を入れるか」「だれに歌ってもらうか」「伴奏《ばんそう》はオーケストラかギター一本か」などということについて「工夫《くふう》」をしながら、CDを作って販売《はんばい》しているのです。

この場合に保護《ほご》されているコンテンツは、「録音物」です。それが何に入っているか(CDかテープかハードディスクか)ということは、関係ありません。

「演《えん》じる歌手や俳優《はいゆう》」も「伝える」という行為《こうい》をしている

③の「演《えん》じた者」は、例えば「歌手」や「演奏家《えんそうか》」の場合、まさに、「楽譜《がくふ》にかいて

ある音楽」を、「歌う」とか、「楽器で演奏《えんそう》する」ということによって、人々に「伝えて」いますね。「俳優《はいゆう》」が、「脚本《きゃくほん》」に書いてあることを舞台上《ぶたいじょう》で実際《じっさい》に「演《えん》じる」ということも、同じように、「伝えて」いるのです。

ここで保護《ほご》されているコンテンツは、歌や演劇《えんげき》などの「演技《えんぎ》」です。この場合も、「うまいかへたか」とか、「芸術的《げいじゅつてき》な価値《かち》があるか」といったことは、一切《いっさい》関係ありません。

ですから、ライブコンサートの会場で、歌手の歌を、無断《むだん》で録音・録画し、それをDVDやCDにして販売《はんばい》すると、その歌手から訴《うった》えられることになります。

また、放送番組の場合と同様に、「歌われている曲」（歌手の歌にふくまれている「部品」）を作った「作詞家《さくしか》・作曲家」（著作者《ちょさくしゃ》）からも、訴《うった》えられることになります。

権利《けんり》は「重なって」行使される

このように、いろいろな権利《けんり》が重なっていますので、「一つの行為《こうい》」について、多数の権利者《けんりしゃ》の権利《けんり》がおよぶことがあります。最も複雑《ふくざつ》な場合を示《しめ》しておきましょう。

◆Aさんが音楽を作詞《さくし》・作曲しました（Aさんが「作った人の著作権《ちょさくけん》」を持つ）。

◆その曲をBさんが（Aさんの了解《りょうかい》を得て）ライブコンサートで歌いました（Bさんが「伝えた人の著作権《ちょさくけん》」を持つ）。

◆そのコンサートをCレコード会社が（Aさん・Bさんの了解《りょうかい》を得て）録音し、CDを発売しました（C社が「伝えた人の著作権《ちょさくけん》」を持つ）。

◆そのCDを（Aさん・Bさん・C社の了解《りょうかい》を得て）D放送局が放送しました（D局が「伝えた人の著作権《ちょさくけん》」を持つ）。

この場合、もしだれかが、そのD放送局の「番組」を無断《むだん》で録音し、多数のCDにコピーして販売《はんばい》したとすると、A・B・C・Dの四者から、同時に訴《うった》えられる可能性《かのうせい》があるわけです。

やっと見えてきた著作権の「全体像」

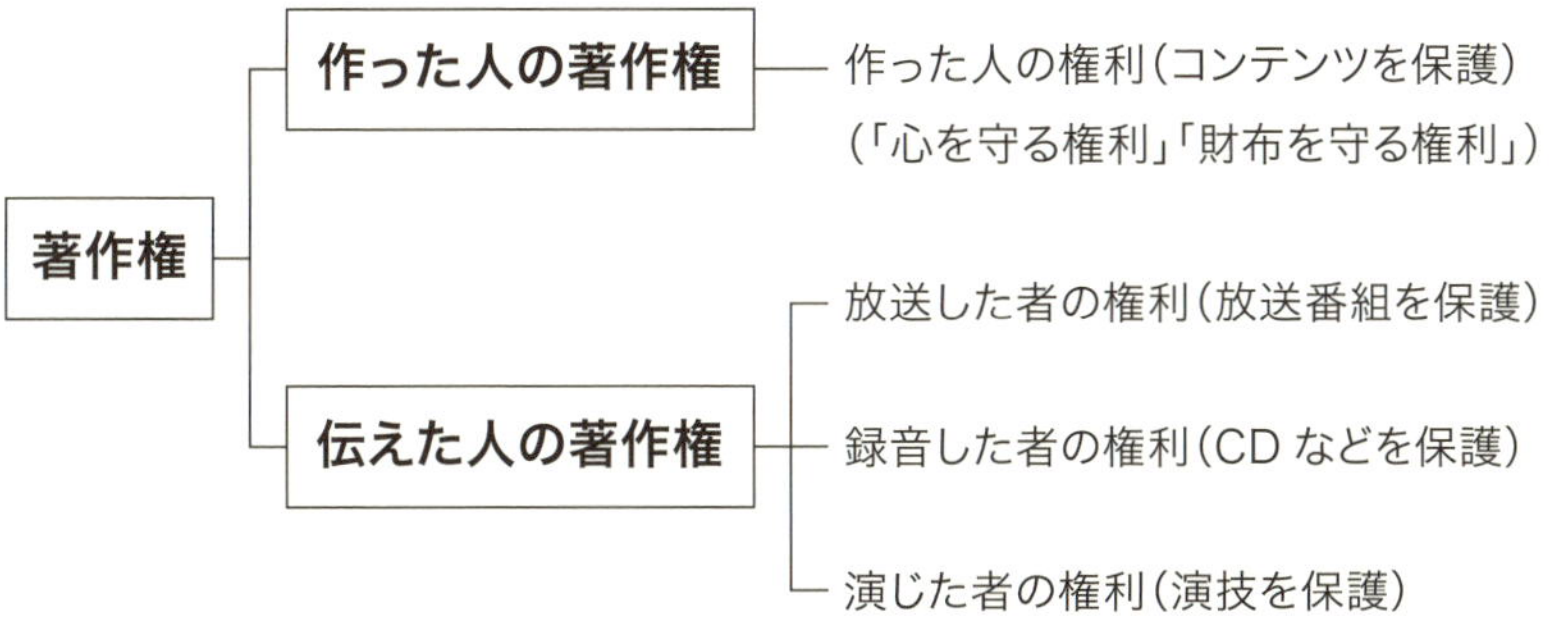

第17話

「伝えた人の著作権《ちょさくけん》」はなぜ必要なのか？

ここでは、なぜ「作った人の著作権《ちょさくけん》」とは別に「伝えた人の著作権《ちょさくけん》」が必要になったのか、ということについてお話ししましょう。

「作った人の著作権《ちょさくけん》」は、国際的《こくさいてき》なルール（条約《じょうやく》）として、百年以上の歴史を持っていますが、「伝えた人の著作権《ちょさくけん》」の方は、まだ六十年ほどの歴史しかありません。

「伝える事業者の利益《りえき》」を守る

なぜ「作った人の著作権《ちょさくけん》」とは別に、後になって「伝えた人の著作権《ちょさくけん》」をあたえることになったのでしょうか。

その理由は、さまざまな技術《ぎじゅつ》が発達して、いろいろなコンテンツを「伝える事業者」が増《ふ》えてきたからです。そうした事業者たち（企業《きぎょう》など）が、自分たちの利益《りえき》を守るために、「作った人の著作権《ちょさくけん》」と同じようなものをよこせ、という運動を展開《てんかい》したのです。

例えば、次の例を考えてみてください。

「Aさん」が音楽を作詞《さくし》・作曲しました。Aさんが著作者《ちょさくしゃ》であり「作った人の著作《ちょさく》権《けん》」を持っています。

そこに「Bレコード会社」がやってきて、Aさんと契約《けいやく》し、その音楽をCDにして売ることになりました。最初一万枚《まい》のCDが作られ、Aさんは一万枚《まい》分の著作権料《ちょさくけんりょう》（いわゆる印税《いんぜい》）をもらいました。

そこで、このCDを無断《むだん》でコピーして販売《はんばい》する（いわゆる海賊版《かいぞくばん》を売る）人が出現《しゅつげん》したのです。Aさんはその音楽について、「作った人の著作権《ちょさくけん》」を持っていますので、その海賊版《かいぞくばん》業者を、警察《けいさつ》や裁判所《さいばんしょ》に訴《うった》えることができますね。

でも、訴《うった》えません。なぜなら、もう「一万枚《まい》分の著作権料《ちょさくけんりょう》を、もらってしまっている」からです。海賊版《かいぞくばん》が売られても、Aさんは一円も損《そん》しません。むしろ、有名になって、「次のCD」の売れ行きがよくなるかもしれません。

例えば、中国の上海《シャンハイ》で万博《ばんぱく》が開催《かいさい》されたときには、そのテーマ音楽が「日本のシンガー・ソングライターの曲のパクリだ」という疑惑《ぎわく》が持たれました。しかし、このことが大きく報道《ほうどう》されたために、そのシンガー・ソングライターの作品は急に人気が出て、かえって売れるようになったのです。

Aさんが、警察《けいさつ》や裁判所《さいばんしょ》に訴《うった》え出《で》ないと、その海賊版《かいぞくばん》によって「損《そん》をする」のは、「Bレコード会社だけ」ということになるわけです。

そこで、レコード会社の団体《だんたい》が、「我々《われわれ》にも『CDを無断《むだん》でコピーされない権利《けんり》』をよこせ！」と言い出したのです。

同じようなことを、「放送局の団体《だんたい》」や「歌手・俳優《はいゆう》の団体《だんたい》」も主張《しゅちょう》していました。そのような権利《けんり》を新しく作ると、利用者の側で迷惑《めいわく》する人々もいますので、さまざまな議論《ぎろん》や検討《けんとう》が、国際的《こくさいてき》に行われました。

その結果最終的に、「作った人の著作権《ちょさくけん》」とは別に、（少し弱い）「伝えた人の著作権《ちょさくけん》」というものが、新しく作られることになったのです。

このために、「作った人の著作権《ちょさくけん》」が、基本的《きほんてき》に「個人《こじん》」を保護《ほご》しているのに対して、「伝えた人の著作権《ちょさくけん》」は、放送会社やレコード会社などの「企業《きぎょう》」や「事業者」を保護《ほご》しているわけです。歌手や俳優《はいゆう》は「企業《きぎょう》」ではありませんが、「個人事業者《こじん》」であり、「個人《こじん》でやっているお店」と同じですね。

「出版社《しゅっぱんしゃ》」には「伝えた人の著作権《ちょさくけん》」があたえられていない

「伝えた人の著作権《ちょさくけん》」は、このように、「事業者の利益《りえき》を守る」ためのものです。もう少し細かくいうと、事業者が、「初期投資《とうし》」（売り出しまでに使ったお金）を「回収《かいしゅう》できるようにする」ためのものです。

ですから、第16話でお話しした、「伝えるときの工夫《くふう》を評価《ひょうか》して権利《けんり》をあたえた」という、「伝えた人の著作権《ちょさくけん》を保護《ほご》する理由」は、おそらくは「後で無理につけられた理《り》屈《くつ》」でしょう。

「伝えた人の著作権《ちょさくけん》」が新しくあたえられたのは、実は「関係業界」の「政治力《せいじりょく》」（多くの国会議員が味方になってくれるという状況《じょうきょう》を作れる力）のためなのです。

その証拠《しょうこ》をあげましょう。例えば、次のような例を考えてみてください。

「Cさん」が小説を書きました。Cさんが著作者《ちょさくしゃ》であり「作った人の著作権《ちょさくけん》」を持っています。

そこに「D出版社《しゅっぱんしゃ》」がやってきて、Cさんと契約《けいやく》し、その小説を本にして売ることになりました。最初一万冊《さつ》の本が作られ、Cさんは一万冊《さつ》分の著作権料《ちょさくけんりょう》（いわゆる印税《いんぜい》）をもらいました。

そこで、この本を無断《むだん》でコピーして販売《はんばい》する海賊版《かいぞくばん》業者が出現《しゅつげん》しました。Cさんは、その小説について、「作った人の著作権《ちょさくけん》」を持っていますので、その海賊版《かいぞくばん》業者を、警《けい》察《さつ》や裁判所《さいばんしょ》に訴《うった》えることができます。

でも、訴《うった》えません。なぜなら、もう「一万冊《さつ》分の著作権料《ちょさくけんりょう》を、もらってしまっている」からです。海賊版《かいぞくばん》が売られても、Cさんは一円も損《そん》しません。むしろ、有名になって「次の本」の売れ行きがよくなるかもしれません。

Cさんが、警察《けいさつ》や裁判所《さいばんしょ》に訴《うった》え出《で》ないと、その海賊版《かいぞくばん》によって「損《そん》をする」のは、「D出版社《しゅっぱんしゃ》だけ」ということになるわけです。

これは、さっきの「Aさん」と「Bレコード会社」の場合と、全く同じですね。「出版社《しゅっぱんしゃ》」がしていることと「レコード会社」がしていることは、非常《ひじょう》によく似《に》ています。しかし、「レコード会社」とはちがい、「出版社《しゅっぱんしゃ》」には、「伝えた人の著作権《ちょさくけん》」があたえられていないのです。

ですから、みなさんがCDをコピーするときには「作詞家《さくしか》・作曲家」と「レコード会社」の両方から了解《りょうかい》を得ることが必要ですが、本をコピーするときには、「著者《ちょしゃ》」の了解《りょうかい》さえ得ればよく、「出版社《しゅっぱんしゃ》」の了解《りょうかい》は不要なのです。

要するに「政治力《せいじりょく》」の問題

なぜこのような差があるのでしょうか。
答えは簡単《かんたん》で、「出版《しゅっぱん》業界の政治力《せいじりょく》が弱い」からです。次の分類を見てみてください。
これが一般的《いっぱんてき》な国際《こくさい》ルールです。

◆映画《えいが》会社　動画をDVDに入れて伝える　↓　**「作った人の著作権《ちょさくけん》」を持つ**
◆レコード会社　音をCDに入れて伝える　↓　**「伝えた人の著作権《ちょさくけん》」を持つ**
◆出版社《しゅっぱんしゃ》　静止画を紙に印刷して伝える　↓　**何の権利《けんり》もナシ！**

基本的《きほんてき》に同じことをしているのに、権利《けんり》について差があるのは、業界ごとの「政治《せいじ》力《りょく》」の差のためです。その証拠《しょうこ》に、出版社《しゅっぱんしゃ》の政治力《せいじりょく》が強いイギリスでは、出版社《しゅっぱんしゃ》に「伝えた人の著作権《ちょさくけん》」があたえられています。また、レコード会社の政治力《せいじりょく》が強いアメリカでは、レコード会社に「作った人の著作権《ちょさくけん》」があたえられているのです。

さらに、「放送」と「ネット配信」は、今ではほとんど同じなのに、「ネット配信事業者」は、まだ政治力《せいじりょく》をつけていないので、何の権利《けんり》もあたえられていません。

映画《えいが》業界は昔から政治力《せいじりょく》が強いので、「作った人の著作権《ちょさくけん》」をあたえられていますが、第6話で示《しめ》したコンテンツの分類を、もう一度よく見てください。「映画《えいが》」と「コンピュータープログラム」以外は、ほとんど「個人《こじん》」が作り出すものですね。「映画《えいが》」と「コンピュータープログラム」は、政治力《せいじりょく》の強い業界（企業《きぎょう》）が、より強い権利《けんり》を持とうとして（本来は企業《きぎょう》向けではなく個人《こじん》向けである）「作った人の著作権《ちょさくけん》」の世界に、割《わ》り込《こ》んできているのです。

不思議な3分類

映画会社 ⟹ 「作った人の著作権」を持つ
「動画」をDVDに入れて伝える

レコード会社 ⟹ 「伝えた人の著作権」を持つ
「音」をCDに入れて伝える

出版社 ⟹ 何の権利もナシ！
「静止画」を本に入れて伝える

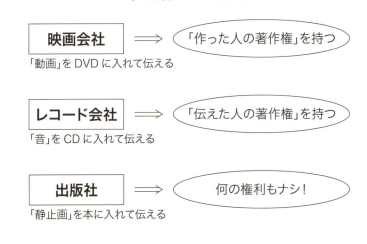

第18話

伝えた人の著作権《ちょさくけん》①「放送した者」が持つ権利《けんり》

ここから三回に分けて、「伝えた人の著作権《ちょさくけん》」の具体的な内容《ないよう》について、お話ししていきます。

まず最初は、「放送した者」（放送局など）が持つ権利《けんり》ですが、権利《けんり》の内容《ないよう》についてお話しする前に、重要なことを三つ説明しておきます。

「ネット配信事業者」は権利《けんり》をあたえられていない

第一は、「ネット配信」との関係です。

国際的《こくさいてき》なルールでは、「伝えた人の著作権《ちょさくけん》」をあたえられる「放送局」は、「無線放送局」（地上波放送・BS放送・CS放送などをふくむ）のみです。

しかし、日本は著作権保護《ちょさくけんほご》が手厚《てあつ》いため、「有線放送局」にも、「無線放送局」とほぼ同じ権利《けんり》をあたえています。

ところが、このことが、最近になって、さまざまな著作権論議《ちょさくけんろんぎ》の混乱《こんらん》をもたらしています。インターネット（元々は有線が中心）というものが出現《しゅつげん》して、それを使う「ネット配信事業者」が、「有線放送局」と同じようなサービスをするようになったからです。

むしろ、「流しっぱなし」の有線放送局よりも、「アクセスされたものだけを送信する」というネット配信事業者の方が、さまざまな「伝える工夫《くふう》」をしています。

「無線放送局」だけが特権《とっけん》をあたえられている国もありますが、そういう国では無線放送局は数も少なく、また大きな企業《きぎょう》で国の免許《めんきょ》も得ているので、個人《こじん》でもできる「ネット配信」と「無線放送」とを同じにあつかえ、などと言う人はあまりいません。

しかし日本では、「有線放送局」にも特権《とっけん》をあたえてしまっているために、ネット配信事業者たちが、「有線放送局と同じ特権《とっけん》をよこせ」と言い出しました。

また、政府《せいふ》もそうしたワガママを徐々《じょじょ》に認《みと》めてしまっているために、著作権《ちょさくけん》のルールが非常《ひじょう》に複雑《ふくざつ》になってきています。

ここでいう「特権《とっけん》」には、「伝える人の著作権《ちょさくけん》をあたえられること」だけでなく、「他人の権利《けんり》を無視《むし》してコンテンツを送信できること」もふくまれ、ネット配信事業者は、むしろそちらの方をほしがっているところがあります。

国内だけの「免許制度《めんきょせいど》」と国際《こくさい》ルールによる「著作権《ちょさくけん》」は無関係

第二は「放送免許《めんきょ》」との関係です。

日本をふくむ多くの国では、「放送」ということをするには、「国の免許《めんきょ》」が必要です。そのために「放送法」といった法律《ほうりつ》が作られています。

免許《めんきょ》なしで放送すると（免許《めんきょ》なしで車を運転した場合と同様に）国から罰《ばっ》せられますが、国が民間の行為《こうい》を制限《せいげん》するような、そうした**「官」**対**「民」**のルールのことを、**「規制《きせい》」**といいます。

それに対して著作権《ちょさくけん》は、「規制《きせい》」ではなく、国際的《こくさいてき》なルール（条約《じょうやく》）にしたがって、「各個人《こじん》」「各事業者」に、**「権利《けんり》」**をあたえているものです。つまり、「Aさんが作ったコンテンツを、Bさんが無断《むだん》で使ったら、AさんはBさんを訴《うった》えることができる」という、**「民」**対**「民」**のルールですので、「官」による「規制《きせい》」ではありません。

この「規制《きせい》ルール」と「権利《けんり》ルール」のちがいがわからない人が、日本では大人にも非常《ひじょう》に多くて困《こま》ります。

例えば、「放送」という用語の意味は、「日本国内だけの規制《きせい》ルール」である「放送法」と、「国際的《こくさいてき》な権利《けんり》ルール」である「著作権法《ちょさくけんほう》」とでは、ちがっています。「著作権法《ちょさくけんほう》」の中の「放送」の意味は、国際《こくさい》ルールで決まっていますので、日本だけが勝手に変えることはできません。

それに対して、「放送法」の中の「放送」の意味は、（日本政府《せいふ》が他国とは関係なく作っている規制《きせい》ルールなので）日本の「官」が独自《どくじ》に定めたものです。

両方の法律《ほうりつ》で同じ用語が使われているために、「放送法の放送」をしていても、「著《ちょ》作権法《さくけんほう》の放送局」としての特権《とっけん》は持てない、という場合が出てきます。

そこで、放送法の中の「放送の定義《ていぎ》」や「免許《めんきょ》の種類」が変わったりしたときに、「放送法の放送」業界が（権利《けんり》と規制《きせい》の区別を理解《りかい》していないために）「著作権法《ちょさくけんほう》の特権《とっけん》を持てないのはおかしい」と主張《しゅちょう》することがよくあるのです。

政府《せいふ》も（彼《かれ》らの政治力《せいじりょく》に押《お》されて）そうしたワガママを受け入れてきてしまっているために、著作権法《ちょさくけんほう》が複雑《ふくざつ》になってしまっています。

この問題を解決《かいけつ》するためには、著作権法《ちょさくけんほう》では「放送」という用語を使わずに、何か別の用語に置きかえるべきでしょう。

ちなみに、「児童」とか「少年」ということばも、法律《ほうりつ》によって意味がちがいます。例えば「児童」は、児童福祉法《ふくしほう》では「十八歳《さい》未満の子ども」を意味しますが、学校教育法では「小学生」を意味しています。

「放送免許《めんきょ》を持たないアマチュア」でも「放送」すれば権利《けんり》を持てる

第三は、アマチュアでも放送局と同じ権利《けんり》が持てる、ということです。「作った人の著作権《ちょさくけん》」と同じように、「伝えた人の著作権《ちょさくけん》」も、「小学生でも持てる」ものです。

放送法でも「出力の小さい放送は無免許《むめんきょ》でよい」と書いてあるため、例えば、大学内だけの「キャンパスFM放送」とか、ある地域《ちいき》だけの「コミュニティーFM放送」というものがありますね。これらも、著作権法《ちょさくけんほう》では、「放送」にあたります。

ただし、第11話でもふれたように、校内放送など「一つの建物」の中だけの放送は元々「送信」にふくまれないので、自由に行える代わりに、「伝えた人の著作権《ちょさくけん》」もあたえられません。

権利《けんり》の種類は六つ

では、アマチュアもふくめた「放送した者」が持つ権利《けんり》の内容《ないよう》を、次にあげておきましょう（すべて「財布《さいふ》を守る権利《けんり》」です）。

①無断《むだん》で番組を「録音」「録画」されない権利《けんり》
②無断《むだん》で（番組の録音物・録画物を）「コピー」されない権利《けんり》
③無断《むだん》で番組を（受信してそのまま）「放送」されない権利《けんり》
④無断《むだん》で番組を（受信してそのまま）「ネット配信」されない権利《けんり》
⑤無断《むだん》でテレビ番組の画面を「写真撮影《さつえい》」されない権利《けんり》
⑥無断《むだん》でテレビ番組を「大画面で人々（公衆《こうしゅう》）に提示《ていじ》」されない権利《けんり》

これらのうち④は、比較的《ひかくてき》最近になって作られた権利《けんり》です。

パソコンとインターネットが普及《ふきゅう》したため、例えば、「有料放送の番組を一人だけが受信し、テレビとパソコンを直結して（お金をはらっていない）仲間に流す」といったことが、起こるようになってきたからです。

また、「東京では月曜放送」「九州では木曜放送」という人気ドラマの最終回を、月曜日に東京で受信してそのままインターネットで九州に流してしまう、などという人が増《ふ》えてきたためです。

なお、個人《こじん》が娯楽《ごらく》や学習のために行う「番組録画」は、著作権法《ちょさくけんほう》の中にある例外規定《きてい》によって、例外的に無断《むだん》でしてもよいこととされています。そのことについては、第21話以降《いこう》にくわしくお話しします。

放送局などが持つ権利

次のことを無断でされない権利

- 番組を「録音」「録画」すること
- 番組の録音物・録画物を「コピー」すること
- 番組を（受信してそのまま）「放送」すること
- 番組を（受信してそのまま）「ネット配信」すること
- テレビ番組の画面を「写真撮影」すること
- テレビ番組を「大画面で人々（公衆）に提示」すること

第19話

伝えた人の著作権《ちょさくけん》②「録音した者」が持つ権利《けんり》

次に、「伝えた人の著作権《ちょさくけん》」を持つ三種の権利者《けんりしゃ》のうち、二番目の「音を録音した者」（レコード会社など）が持つ権利《けんり》についてお話しします。

「音の録音」をすればだれでも権利《けんり》をあたえられる

この権利《けんり》の場合も、「作った人の著作権《ちょさくけん》」や、「放送した者の権利《けんり》」と同様に、権利《けんり》をあたえられるのは、プロだけではありません。

「レコード会社」だけでなく、アマチュアでも小学生でも、「何かの音を録音する」という行為《こうい》をすれば、その「録音物」が、著作権《ちょさくけん》で保護《ほご》されます（録音した人が権利者《けんりしゃ》になります)。

また、実は「放送」の場合も同じなのですが、録音する「音」は、「作った人の著作《ちょさく》権《けん》」で保護《ほご》されているコンテンツ(音楽などの著作物《ちょさくぶつ》)でなくてもよいのです。

例えば、「SLの音」「小川のせせらぎ」「虫や鳥の鳴き声」など、「音」であれば、何を録音しても、自動的に権利《けんり》があたえられます。

「放送」の場合も、「作った人の著作権《ちょさくけん》」で保護《ほご》されている、音楽・映画《えいが》などの「著《ちょ》作物《さくぶつ》」を放送する場合もあれば、雪山の風景とかスポーツの場面など、「作った人の著《ちょ》作権《さくけん》」で保護《ほご》されていないものを放送する場合もありますね。

何を放送しても、「放送」という行為《こうい》をすれば、放送した「番組」について、「伝えた人の著作権《ちょさくけん》」が自動的にあたえられます。

「音の録音」の場合もこれと同じで、録音する「音」は著作物《ちょさくぶつ》でなくてもよく、「録音」という行為《こうい》をすれば、「伝えた人の著作権《ちょさくけん》」が自動的にあたえられるのです。

権利《けんり》の種類は四つ

では、アマチュアもふくめた「音を録音した者」が、「録音物」について持つ権利《けんり》の内容《ないよう》を、次にあげておきましょう（すべて「財布《さいふ》を守る権利《けんり》」です）。

① 無断《むだん》で「コピー・譲渡《じょうと》」されない権利《けんり》
② 無断《むだん》で「放送」されない権利《けんり》
③ 無断《むだん》で「ネット配信」されない権利《けんり》
④ 無断《むだん》で「レンタル」されない権利《けんり》

「放送局」の権利《けんり》と比《くら》べると、単純《たんじゅん》でわかりやすい感じがしますね。

しかし実は、そうでもないのです。

この「伝えた人の著作権《ちょさくけん》」は、前にお話ししたように「個人《こじん》が作ったものを無断《むだん》利用から守って文化を発展《はってん》させる」というためのものではなく、むしろ「業界の利益《りえき》を保護《ほご》する」ためにあります。

そうなると、いろいろな業界の都合が露骨《ろこつ》に出てきて、法律《ほうりつ》ルールを作るときにもモメますし、妥協《だきょう》の結果としていろいろな「ヘンなルール」ができてしまうのです。

格下《かくさ》げされてしまった「無断《むだん》で放送されない権利《けんり》」

例えば、②の「無断《むだん》で放送されない権利《けんり》」ですが、これは実は、著作権法《ちょさくけんほう》の規定《きてい》を見ると、「無断《むだん》で」という表現《ひょうげん》が、ふくまれていないのです。ということは、「無断で放送してもOKだ」ということであり、それでは著作権《ちょさくけん》の意味がありませんね。

その代わり、著作権法《ちょさくけんほう》では、「CDなどの録音物を放送した放送局は、レコード会社にお金をはらわなければならない」と書いてあるのです。

つまり、「無断《むだん》で利用されない権利《けんり》」＝「やめろと言える権利《けんり》」が、「お金だけもらえる権利《けんり》」に格下《かくさ》げされているわけです。

なぜ「格下《かくさ》げ」なのかというと、「無断《むだん》で利用されない権利《けんり》」があれば、放送局が「使わせてくれ」と言ってきたときに、いくらでも高い金額《きんがく》を請求《せいきゅう》できるからです。相手が「それではははらえない」と言ったら、だんだん金額《きんがく》を下げていって、ぎりぎりの金額《きんがく》を取れるわけです。相手の態度《たいど》が悪ければ、「ダメ！」と言って断《ことわ》ることもできます。

しかし、単に「お金をもらえるだけの権利《けんり》」にされてしまうと、「断《ことわ》る」ことができません。また、「金額《きんがく》を自分で決める」こともできません（金額《きんがく》は、放送局の団体《だんたい》とレコード会社の団体《だんたい》が相談して、一律《いちりつ》に決めてしまいます)。

これは、「放送局に有利」で「レコード会社に不利」な法律《ほうりつ》ルールですが、なぜそんな法律《ほうりつ》ルールになってしまっているのでしょうか。理由は簡単《かんたん》で、「放送業界の政治《せいじ》力《りょく》」の方が、「レコード業界の政治力《せいじりょく》」よりも強いからです。

よく考えればすぐわかることですが、レコード業界が「マスコミ」ではないのに対して、「放送業界」は(政治家《せいじか》を批判《ひはん》するような)ニュースも流せるマスコミです。どちらについて国会議員が「気を使う」かは、言うまでもないでしょう。

「複雑《ふくざつ》な格下《かくさ》げ」をされた「無断《むだん》でレンタルされない権利《けんり》」

次に、④の「無断《むだん》でレンタルされない権利《けんり》」ですが、これについてはもっとヘンな法律《ほうりつ》ルールになっています。

この権利《けんり》が新しく作られるときに、猛反対《もうはんたい》したのは、「CDレンタル業界」でした。当然ですね。この権利《けんり》ができてしまったら、それまでのように自由にレンタルできなくなるからです。

そのためCDレンタル業界は、放送の場合と同じように、「事前の了解《りょうかい》は不要」「お金さえはらえばいい」というルールを希望しました。ところが、「CDレンタル業界」には、「放送業界」ほどの政治力《せいじりょく》がなかったため、それは実現《じつげん》しませんでした。

しかし、「CDレンタル業界」の政治力《せいじりょく》は、「レコード業界」よりは強かったのです。そのためにレコード業界は、「無断《むだん》でレンタルされない権利《けんり》」を完全には獲得《かくとく》することができませんでした。

最終的にどうなったかというと、CDのレンタルについては、発売後「最初の一年間だけ」は「無断《むだん》でレンタルされない権利《けんり》」をレコード会社にあたえるが、「二年目〜七十年目」は「お金さえはらえばいい」――という法律《ほうりつ》ルールになったのです。

格下《かくさ》げされなかった「無断《むだん》でネット配信されない権利《けんり》」

では、③の「無断《むだん》でネット配信されない権利《けんり》」については、どうなっているでしょうか。答えは、「フルに『無断《むだん》でネット配信されない権利《けんり》』になっている」です。

この権利《けんり》は、一番新しくできた権利《けんり》なのですが、なぜそのような「レコード業界に有利」な法律《ほうりつ》ルールを実現《じつげん》できたのでしょうか。

この答えも簡単《かんたん》です。インターネットの時代が来てすぐにこの権利《けんり》を作ったため、まだ「ネット配信事業者」の数が少なく、業界の政治力《せいじりょく》も弱かったからです。

CDレンタルの場合も、レンタル業が盛《さか》んになる前に権利《けんり》を作っておけば、ヘンな法律《ほうりつ》ルールにしなくてもすんだでしょう。

要するに、関係業界を「政治力《せいじりょく》」の強い順番に並《なら》べると、「放送業界」＞「CDレンタル業界」＞「レコード業界」＞「ネット配信業界」という順序《じゅんじょ》になっている、ということですね。

著作権法《ちょさくけんほう》は、いろいろな場合分けや例外が多く、複雑《ふくざつ》で読みにくいのですが、それによって**「どの業界が得をしているのか」**と考えながら読むと、急にわかりやすくなるのです。

レコード会社などが持つ権利

録音物について次のことを無断でされない権利

「コピー・譲渡」すること

「放送」すること　←実は格下げされてしまっている

「ネット配信」すること

「レンタル」すること　←発売後２年目から格下げされてしまう

第20話

伝えた人の著作権《ちょさくけん》③「演《えん》じた者」が持つ権利《けんり》

ここでは、「伝えた人の著作権《ちょさくけん》」の最後として、三番目の「演《えん》じた者」が持つ権利《けんり》についてお話しします。

「演《えん》じるもの」は「著作物《ちょさくぶつ》」でなくてもいい

この権利《けんり》を持つ人については、わかりやすいので「歌手とか俳優《はいゆう》など」と説明する人が多いようです。しかし、「作った人の著作権《ちょさくけん》」や「放送した者の権利《けんり》」「音を録音した者の権利《けんり》」と同様に、アマチュアや小学生もふくまれます。

ですから、みなさんが「学芸会で歌った」「市民ホールで劇《げき》をした」「カラオケボックスで歌った」といった場合や、「お父さんがふろ場でヘタな歌を歌った」という場合も、「演《えん》じる」という行為《こうい》さえすれば、だれでもこの権利《けんり》が持てるわけです。

また、この場合も、「放送」や「録音」の場合と同様に、「演《えん》じるもの」は、「作った人の著作権《ちょさくけん》」の対象になるコンテンツ（音楽・脚本《きゃくほん》などの著作物《ちょさくぶつ》）でなくてもかまいません。「著作物《ちょさくぶつ》以外のものを演《えん》じる」とはどういう場合か、わかりますか。例えば、手品・曲芸・腹話術《ふくわじゅつ》・モノマネなどを「演《えん》じる」場合です。

「オリンピックのフィギュアスケート」と「スケートショー」のちがい

では逆《ぎゃく》に、この権利《けんり》の対象とならないものを、考えてみましょう。

この権利《けんり》の対象になるのは「演《えん》じた」場合ですが、「演《えん》じる」ということは、「最初からやることが決まっていた」ということですね。ですから、「何が起こるかわからない」というものは、この権利《けんり》の対象にはなりません。

その典型が、「スポーツの場面」です。サッカーや野球の試合は、「何が起こるかわからない」＝「選手は前から決まっていたことを演じているのではない」ので、スポーツ選手が試合をしている場面は、この権利《けんり》の対象にはなりません。

しかし、スポーツであっても、「前から決まっていることを演《えん》じている」という場合がありますね。

例えば、フィギュアスケートの「演技《えんぎ》」や体操《たいそう》の床運動《ゆかうんどう》の「演技《えんぎ》」などは、「何をするか」があらかじめ決まっています。

しかし著作権法《ちょさくけんほう》には、権利《けんり》があたえられる場合として（音楽・劇《げき》などの著作物《ちょさくぶつ》を演《えん》じる場合のほかは）「芸能的《げいのう》な性格《せいかく》を持つものだけ」と書いてあるので、「芸能《げいのう》」ではなく「スポーツ」に属《ぞく》する「演技《えんぎ》」は、この権利《けんり》の対象にはならないのです。

ちょっと専門的《せんもんてき》な話になりますが、フィギュアスケートの場合、「オリンピックでやっている演技《えんぎ》」は（スポーツなので）この権利《けんり》の対象になりませんが、例えば「ディズニー・オン・アイス」などといったタイトルで「ショー（芸能《げいのう》）」としてやっている場合は、この権利《けんり》の対象になるのです。

「財布《さいふ》を守る権利《けんり》」の内容《ないよう》

では、アマチュアもふくめた「演《えん》じた者」が持つ権利《けんり》（財布《さいふ》を守る権利《けんり》）の内容《ないよう》を、次にあげておきましょう。

◆「生（ライブ）の演技《えんぎ》」について

①無断《むだん》で「録音」「録画」されない権利《けんり》（写真撮影《さつえい》は対象外）
②無断《むだん》で「放送」されない権利《けんり》
③無断《むだん》で「ネット配信」されない権利《けんり》

◆「録音された音の演技《えんぎ》」について

④無断《むだん》で「コピー・譲渡《じょうと》」されない権利《けんり》
⑤無断《むだん》で「放送」されない権利《けんり》
⑥無断《むだん》で「ネット配信」されない権利《けんり》
⑦無断《むだん》で「レンタル」されない権利《けんり》

演技《えんぎ》の場合には、「生（ライブ）の場合」と「CDやDVDに録音・録画されている場合」があるので、その二つが区別されています。

また、よく見ると「録音された音の演技《えんぎ》」（要するにCDに入っている歌や楽器演奏《えんそう》）についての四つの権利《けんり》（④～⑦の権利《けんり》）は、第19話でお話しした「音を録音した者」（レコード会社など）の権利《けんり》と全く同じです。

音楽CDを例に考えると、それに関係する権利者《けんりしゃ》は、(1)作詞《さくし》・作曲家、(2)レコード会社、(3)歌手・演奏者《えんそうしゃ》の三者ですが、これらのうち、(2)と(3)の権利《けんり》は、全く同じにしてあるわけです。(1)は「作った人の著作権《ちょさくけん》」なのでもっと強いです。

ですから、第19話で説明した「放送の場合は、お金をもらえるだけ」とか、「レンタルについては、二年目から七十年目は、お金をもらえるだけになってしまう」といったヘンな法律《ほうりつ》ルールも、(2)と(3)で同じです。

それに対して、「生」の演技《えんぎ》についての三つの権利《けんり》は、すべて「無断《むだん》で○○されない権利《けんり》」です。

「映画《えいが》業界」の優遇《ゆうぐう》＝「録画」された後は権利《けんり》が全部消えてしまう

でも、ちょっとヘンですね。演技《えんぎ》については、「生の演技《えんぎ》」「CDに録音された(音の)演技《えんぎ》」「DVDに録画された(映像《えいぞう》の)演技《えんぎ》」の三種類があるはずです。三つ目の「DVDに録画された(映像《えいぞう》の)演技《えんぎ》」については、どうなるのでしょうか。

答えは、「録画されると権利《けんり》がなくなる」です。なぜそうなっているのかというと、「映画《えいが》会社の政治力《せいじりょく》のため」です。映画《えいが》会社は、映画館《えいがかん》で上映《じょうえい》された映画《えいが》を、DVDに

歌手・俳優などが持つ権利

演技について次のことを無断でされない権利

「生」(ライブ)の演技	録音された音の演技
	レコード会社と全く同じ!
「録音」「録画」すること	「コピー・譲渡」すること
	「放送すること」※
「放送」すること	「ネット配信」すること
「ネット配信」すること	「レンタル」すること※

※格下げもレコード会社と同じ

したり、ネット配信したりして、さらにもうけたいですね。その場合、「改めて了解《りょうかい》を得る相手」＝「追加でお金をはらう相手」は、なるべく減《へ》らしたいのです。

「作った人の権利《けんり》」を前から持っている脚本家《きゃくほんか》や作詞《さくし》・作曲家などはしかたないとして、後から追加であたえられた俳優《はいゆう》や歌手の権利《けんり》は、「撮影《さつえい》した時点でなくなる」（しはらうのは最初のギャラだけ）としておけば有利です。

撮影《さつえい》については①の権利《けんり》があるので、無断撮影《むだんさつえい》はできませんが、俳優《はいゆう》や歌手は「撮影《さつえい》を了解《りょうかい》」してしまうと、その後の利用に関する権利《けんり》はなくなってしまうのです。

ですから、「ＡＫＢ48のライブ」を「録音」したものを「ＣＤ」にするときには（④の権利《けんり》があるので）ＡＫＢ48の了解《りょうかい》を得る必要がありますが、そのライブを「録画」したものを「ＤＶＤ」にするときには、ＡＫＢ48の了解《りょうかい》は不要なのです。

「レコード業界」も同じ法律《ほうりつ》ルールにしたかったのでしょうが、政治力《せいじりょく》が足りなくてできませんでした。ということは、政治力《せいじりょく》について、「映画《えいが》業界」＞「俳優《はいゆう》・歌手の業界」＞「レコード業界」という順序《じゅんじょ》になっているわけですね。

「演《えん》じた者」は「心を守る権利《けんり》」もあたえられている

なお、第9話でもふれましたが、「演《えん》じた者」は、「心を守る権利《けんり》」も、次のようにあたえられています（これは「録画された演技《えんぎ》」も対象になります）。

① 無断《むだん》で「内容《ないよう》を変えられない」権利《けんり》
② 無断《むだん》で「名前の表示《ひょうじ》を変えられない」権利《けんり》

これらの権利《けんり》は、21世紀に入ってからあたえられた新しい権利《けんり》ですが、そのきっかけになったのはデジタル化でした。問題になったのは①の方ですが、デジタル技術《ぎじゅつ》の発達で、例えば「ダンサー」について、体形・踊《おど》り方《かた》・服装《ふくそう》・顔などをコンピューターで勝手に変えてしまう——ということがよく起こるようになったからです。

第4章

まず「著《ちょ》作《さく》権《けん》のルール」を知ろう③

～無《む》断《だん》で使える例外的な場合～

第21話

一般的《いっぱんてき》な例外ルール

ここからは、「本来は権利者《けんりしゃ》の了解《りょうかい》を得て利用しないと著作権侵害《ちょさくけんしんがい》になるのだが、例外的に、無断《むだん》で利用してもよいことにする」という、「例外のルール」についてお話しします。

なぜ「例外」があってよいのか?

著作権《ちょさくけん》を保護《ほご》すべきことは、「国際人権規約《こくさいじんけんきやく》」という条約《じょうやく》にも規定《きてい》されていますので、著作権《ちょさくけん》は人権《じんけん》の一つだともいえます。人権《じんけん》なのになぜ例外があってよいのかというと、それは、「他人も別の人権《じんけん》を持っている」からです。

例えば、すべての人は憲法《けんぽう》で保障《ほしょう》された「言論《げんろん》の自由」という人権《じんけん》を持っています。

ですから、本来は「何を言っても自由」であるはずですね。

しかし、人々は同時に、「名誉《めいよ》を傷《きず》つけられない」という人権《じんけん》も持っています。

ですから、だれかが「言論《げんろん》の自由」という人権《じんけん》を使って「何かを言う」(例えば悪口を言う)ことによって、他人が持っている「名誉《めいよ》を傷《きず》つけられない」という別の人権《じんけん》を、侵害《しんがい》してしまう場合があるわけです。

このように、「人権《じんけん》と人権《じんけん》がぶつかり合う」ような場合には、「どちらを優先《ゆうせん》するのか?」ということを、「法律《ほうりつ》ルールで決めておく」という必要があるわけです。

日本では、「言論《げんろん》の自由」と「名誉《めいよ》を傷《きず》つけられない権利《けんり》」がぶつかり合う場合には、「名誉《めいよ》を傷《きず》つけられない権利《けんり》」の方を優先《ゆうせん》する——という法律《ほうりつ》ルールになっています。

このため、「言論《げんろん》の自由」という人権《じんけん》があっても、「他人の名誉《めいよ》を傷《きず》つけるようなこと」は、言ってはいけないのです。

著作権《ちょさくけん》の場合は、「著作権《ちょさくけん》を行使した」(例えば、だれかに「コピーするな」と言った)ことによって他人の別の人権《じんけん》を侵害《しんがい》する——ということは、まずあり得ません。

しかし、著作権《ちょさくけん》の方を「ちょっと我慢《がまん》してもらう」ことによって、「他人の別の人権《じんけん》をより良く保障《ほしょう》できる」という場合があるのです。

そうした「別の人権《じんけん》」には、例えば、「教育を受ける権利《けんり》」「社会福祉《ふくし》を受ける権利《けんり》」「知る権利《けんり》」などがふくまれます。

この第21話からは、そうした「例外のルール」についてお話ししていきますが、まず最初は、「一般的《いっぱんてき》な例外ルール」からです。

「古いもの」は無断《むだん》で使ってもかまわない

例えば「万葉集」のような「古いもの」については、著作権《ちょさくけん》が消滅《しょうめつ》しており、無断《むだん》で使ってもよいことになっています。

「どの時点で消滅《しょうめつ》するのか」ということについての法律《ほうりつ》ルールは、次のとおりです。ただし、「心を守る権利《けんり》」は、永久《えいきゅう》に侵害《しんがい》してはならないことになっています。

なお、年数はすべて「次の年の一月一日」から計算し始めます。したがって、著作《ちょさく》権《けん》は、原則《げんそく》として、十二月三十一日の終わりに消滅《しょうめつ》するわけです(外国のものについては例外があります)。

◆「作った人の著作権《ちょさくけん》」の対象

・**著作物《ちょさくぶつ》** → 作った人の死後七十年まで

（注　会社が作った著作物《ちょさくぶつ》などについて（会社は死なないので）「死後ではなく、公表後七十年まで」など、いろいろな例外があります）

◆**「伝えた人の著作権《ちょさくけん》」の対象**

・**放送番組** → 放送後五十年まで
・**録音物** → 発売後七十年まで
・**演技《えんぎ》** → 演《えん》じた後七十年まで

個人的《こじんてき》な「娯楽《ごらく》」や「勉強」を目的とする場合

個人的《こじんてき》に「楽しむため」や「勉強するため」に使うのであれば、何でも自由にコピーできます（「コピー」だけであって、「送信」などはダメです）。

「楽しむ場合」の典型は、「テレビ番組を録画すること」「音楽ＣＤをｉＰｏｄに録音すること」「インターネット上のコンテンツをダウンロードすること」「気に入った写真や絵を携帯《けいたい》やデジカメで撮影《さつえい》すること」などです。

「勉強する場合」とは、「学校や自宅《じたく》のパソコンで資料《しりょう》をダウンロード・プリントアウトすること」「自分の学習用に本や雑誌《ざっし》の一部をコピーすること」などです。

この場合の「個人的《こじんてき》に使う」とは、「自分一人だけで」「家族で」「二〜三人の友人たちで」といったことです。「仕事目的」の場合は、対象になりません。

この例外ルールについては、次のことを知っておいてください。

① そのコピーを他人（公衆《こうしゅう》）にわたすのはダメ

あくまでも「個人的《こじんてき》に」使うための例外だからです。

② 著作権《ちょさくけん》を侵害《しんがい》してアップロードされているものを「そうだと知りつつ」ダウンロードして「コピー」するのはダメ

許諾《きょだく》を得ないでアップロードされているコンテンツを、違法《いほう》にアップロードされていると知りながら、ダウンロードしてコピーするのはダメです。

ただし、その違法《いほう》な部分が全体のごくわずかであるような場合は、問題ありません。

以前は、違法《いほう》にアップロードされているコンテンツを「録音」「録画」することだけが、だめということでしたが、マンガなどの違法《いほう》サイトが出回ったりしたため、コンピュータープログラムをダウンロードしたり、マンガをプリントアウトするなどすべての「コピー」がダメになりました。

③ 映画館内《えいがかんない》での「録音」「録画」はダメ

映画《えいが》業界だけを優遇《ゆうぐう》するために、著作権法《ちょさくけんほう》とは別の法律《ほうりつ》で規定《きてい》された、特別のルールです。

④ デジタル方式で「録音」「録画」するときは補償金《ほしょうきん》をしはらわなければならない

録音、録画するデジタルの機械などの価格《かかく》にふくまれているので問題ありません。

⑤ 「コピーガード」をはずしてコピーしてはいけない

インターネット上やDVDの中では、情報《じょうほう》はデジタルで記録されていますので、著作者は自分がコピーされたくないと思ったら、コピーができないように技術《ぎじゅつ》的に鍵をかけたり、うまくコピーができないようにしたりすることはわりと簡単にできます。そこで、著作者が希望してそのようにコピーがうまくできないようにしている場合には、その技術《ぎじゅつ》を外して無断でコピーをすることは、ダメです。

「美術館《びじゅつかん》で絵を写真撮影《さつえい》する」とか「本屋で立ち読みしながら一部を写真撮影《さつえい》する」といったことも、この例外ルールの対象なので、著作権侵害《ちょさくけんしんがい》にはなりません。美術館《びじゅつかん》が「撮影禁止《さつえいきんし》」と掲示《けいじ》していたり、本屋さんが「撮影《さつえい》するな」と言うのは、美《び》術館《じゅつかん》や本屋さんの仕事の邪魔《じゃま》になるからであって、著作権《ちょさくけん》とは無関係です。

絵や本について著作権《ちょさくけん》を持っているのは（美術館《びじゅつかん》や本屋ではなく）それらを「作った著《ちょ》作者《さくしゃ》」であり、個人的《こじんてき》に楽しむために写真撮影《さつえい》（コピー）しても著作者《ちょさくしゃ》の権利《けんり》は侵害《しんがい》しません。

写真撮影《さつえい》したら美術館《びじゅつかん》や本屋から「追い出される」でしょうが、そのこと（美術館《びじゅつかん》や本屋が定める入場の条件《じょうけん》）と著作権《ちょさくけん》とは、全く関係ないのです。

批《ひ》評《ひょう》対象・研究対象・根《こん》拠《きょ》などとして「引用」する場合

他人が作ったコンテンツであって、すでに世の中に公表されているものは、一定の条《じょう》件《けん》を満たせば、「自分のレポート・ブログ・ホームページなど」の中に、「取《と》り込《こ》んで」使うことができます。

典型的な例は、自由研究のレポートの中に、「この結果からわたしは…だと思いました。よく調べてみたら、○○大学の××先生という人も、△△という本の中で、同じように『………』と書いていました」などと書く場合です。この場合の『………』の部分が「引用」（他人の著《ちょ》作《さく》物《ぶつ》を自分の著《ちょ》作《さく》物《ぶつ》に取《と》り込《こ》むこと）です。

ブログやホームページに取《と》り込《こ》んでよいということは、「コピー」だけでなく「送信」もOKだということですね。ただし、次のような条《じょう》件《けん》を満たすことが必要です。

◆「自分自身の著《ちょ》作《さく》物《ぶつ》」の中に「部品」として取《と》り込《こ》むこと（他人のものだけを集めてきて「全部引用です」というのはダメ）。

◆「自分が書いた部分」と「他人が作った部分」（引用した部分）が、カギカッコなどによって明《めい》確《かく》に区別されていること。

◆「批評《ひひょう》の対象」「研究の対象」「自分の考えの根拠《こんきょ》」などとして使うこと（他人の絵や写真などを「単なるかざり」として引用するのはダメ）。
◆「必要性《ひつようせい》」がある部分を引用していること（俳句《はいく》を批評《ひひょう》する場合など、必要性《ひつようせい》があれば「全体」を引用できるが、必要性《ひつようせい》がない部分を引用するのはダメ）。
◆どこから持ってきたかをわかりやすく表示《ひょうじ》すること（元々のっていた本やサイトの名前などをわかりやすく表示《ひょうじ》すること）。

ではここで、一つ質問《しつもん》です。「ポケモン」の絵をみなさんのブログやホームページに無断《むだん》でのせることは可能《かのう》でしょうか。

答えは、「条件《じょうけん》を満たす引用なら可能《かのう》」です。例えば、「ポケモンの絵を批評《ひひょう》する」という場合には、「引用」してのせることができるわけです。

逆《ぎゃく》にいうと、「単なる装飾《そうしょく》」としてのせると、著作権侵害《ちょさくけんしんがい》になってしまいます。

批評《ひひょう》するのならいいのね！
朝日太郎のブログ！
ポケモンとドラえもんは
ここがちがう！

第22話

「公益《こうえき》」のための例外ルール

第21話で、著作権《ちょさくけん》の「例外のルール」は、基本的《きほんてき》に、「他人の別の人権《じんけん》をより良く保《ほ》障《しょう》するためのもの」だ——ということをお話ししました。

そうした「世の中の人々のいろいろな人権《じんけん》をすべて集めて束《たば》にしたもの」のことを、「公益《こうえき》」といいます。「公共の利益《りえき》」という意味ですね。簡単《かんたん》にいえば「みんなの幸せ」ということです。「何が公益《こうえき》なのか？」ということは、「民主主義《みんしゅしゅぎ》の国」である日本では、国民が選挙した国会議員たちが、「国会での多数決」で決定します。

また、「公益《こうえき》」は「いろいろな人権《じんけん》」＝「人々の幸せに関するいろいろな側面」を束《たば》ねたものですので、例えば、「教育に関する公益《こうえき》」「福祉《ふくし》に関する公益《こうえき》」など、さまざまな側面があります。

ここでは、そうした「公益《こうえき》」のための「例外ルール」のうち、典型的なものについてお話しします。

「教育」に関する公益《こうえき》のための例外

(一) 先生・生徒による授業のための「コピー」「送信」など

学校の先生は、自分の授業《じゅぎょう》で使う教材として、新聞記事・本・CD・DVD・放送番組・ネット上のコンテンツなどを、自分でコピーして生徒に配布《はいふ》することができます。生徒も、授業《じゅぎょう》での発表などのために同じようにコンテンツをコピー・配布《はいふ》することができます。ただし、例えば「計算問題のドリル」や「コンピュータープログラム」など「一人ひとりが買う前提《ぜんてい》で売られているもの」は除《のぞ》かれます。

また、遠く離れたところにいる生徒にインターネットなどで授業《じゅぎょう》する場合は、授業《じゅぎょう》中《ちゅう》に教材として使用するコンテンツを一緒に送信することもできます。授業《じゅぎょう》で教材として使用するコンテンツを事前にインターネットなどで送信することもできますし、授業《じゅぎょう》の様子を撮影しておいて、後でネット上で生徒にだけ見せるようにすることもできます。ただし、学校による補償金《ほしょうきん》のしはらいが必要になる場合があります。

日直
新聞《しんぶん》のコピー
○×新聞

(二) 学芸会などでの「上演《じょうえん》・演奏《えんそう》・口述《こうじゅつ》」――「コピー」はふくまれない

これは実は、学校での学芸会や文化祭などに限《かぎ》らず、「あらゆる上演《じょうえん》・演奏《えんそう》・口述《こうじゅつ》(朗読《ろうどく》など)」に適用《てきよう》される例外ルールです。

「①もうけることが目的ではない」「②入場は無料」「③出演者《しゅつえんしゃ》はギャラなし」という三つの条件《じょうけん》を満たせば、「音楽の演奏《えんそう》」(CDの再生《さいせい》をふくむ)や「劇《げき》の上演《じょうえん》」(録画したものの再生《さいせい》をふくむ)などを、例外的に無断《むだん》で行えます。

入学式や卒業式でいろんな曲を歌ったり演奏《えんそう》したりできるのも、実は、この例外ルールがあるから自由にできるのです。

②のほかに①の条件《じょうけん》が必要なのは、例えばデパートで「BGMとしてCDの音楽を流している」という場合、「入場は無料」だが「店の雰囲気《ふんいき》を良くして、もうけるのが目的」だからです。

なお、この例外ルールが適用《てきよう》されるのは「上演《じょうえん》・演奏《えんそう》・口述《こうじゅつ》(朗読《ろうどく》など)」だけで、「コピー」はふくまれません。ですから、「楽譜《がくふ》や台本」を「コピー」するには(他《ほか》の例外ルールの対象にならなければ)権利者《けんりしゃ》の了解《りょうかい》を得ることが必要です。

「もうけることが目的ではなく、無料で配布《はいふ》する場合は、無断《むだん》でコピーできる」という例外ルールがある――と思《おも》い込《こ》んでいる人が非常《ひじょう》に多いのですが、そのような例外ルールは存在《そんざい》しませんので、注意してください。

(三) 授業《じゅぎょう》での動画・静止画の「上映《じょうえい》」――「上映禁止《じょうえいきんし》」と書いてあってもできる

この例外ルールがあるために、学校の授業《じゅぎょう》で、動画・静止画の上映《じょうえい》ができるのです。

ネット上のコンテンツ（動画・静止画）をダウンロード（コピー）して授業中《じゅぎょうちゅう》にディスプレイに映写《えいしゃ》したり、テレビ番組を録画（コピー）して授業中《じゅぎょうちゅう》に上映《じょうえい》する――という場合には、「コピー」の方については前の(二)の例外ルールを使い、上映《じょうえい》の方についてはこの(三)の例外ルールを使うわけです。

なお、この例外ルールも、実は、学校での授業《じゅぎょう》に限《かぎ》らず、「あらゆる上映《じょうえい》」に適用《てきよう》されるものです。

前の(二)の場合と同様に、「①もうけることが目的ではない」「②入場は無料」「③DVDなどの場合、出演者《しゅつえんしゃ》への追加ギャラはなし」という条件《じょうけん》を満たしていれば、レンタルショップで借りたDVD・ビデオであっても（借りるときに「上映《じょうえい》しない」という契約《けいやく》をしていない限《かぎ》り）無料上映会《じょうえいかい》を自由に開催《かいさい》できます。

DVDなどの箱や映像には、よく「上映禁止《じょうえいきんし》」などと書いてありますが、法律《ほうりつ》の規《き》定《てい》の方が優先《ゆうせん》されますので、これは無視《むし》してかまいません。

○○中学校文化祭
無《む》料《りょう》映《えい》画《が》上《じょう》映《えい》会《かい》

（四）試験問題の作成や教科書への掲載《けいさい》のための「コピー」

これらの場合については、基本的《きほんてき》に無断《むだん》でコピーができますが、作った人への通知や、補償金《ほしょうきん》のしはらいが必要になる場合があります。

「福祉《ふくし》」に関する公益《こうえき》のための例外

（一）点字に直しての「コピー」「送信」――「もうけるため」でもよい

既存《きそん》の本などを「点字に直す」ことや点字データにすること、それをネットで送信することは、いつでもだれでも（もうけることが目的でも）例外的に無断《むだん》でできます。

（二）読むことが自由にできない方々向けの「録音物作成（コピー）」「送信」

目の不自由な方や、手が不自由で本を持って読めない方々などのために「録音物」を作ること（本を「朗読《ろうどく》して録音（コピー）する」こと）や、それをネット配信することは、例外的に無断《むだん》でできます。

ただし、点字の場合は目の不自由な方々だけが使いますが、録音物の場合は他《ほか》の人々も使えます（通勤《つうきん》・通学の電車の中で、本の朗読《ろうどく》を聞けたら便利ですね）。

そのため、この例外ルールを使えるのは、「読むことが自由にできない方々のための福祉《ふくし》事業を行う団体などで、政府が特に指定したもの」に限定《げんてい》されています。

（三）弱視《じゃくし》の子どもたちのための「拡大《かくだい》教科書の作成」（拡大《かくだい》コピー）

弱視《じゃくし》の子どもたちのために、ボランティアの方々などが「教科書の拡大版《かくだいばん》を作る」（拡大《かくだい》しつつコピーする）ことは、例外的に無断《むだん》でできます。

（四）耳の不自由な方々向けの「字幕《じまく》・手話」など

耳の不自由な方々のための福祉《ふくし》事業を行う団体《だんたい》などで、政府《せいふ》が特に指定したものは、映画《えいが》や放送番組などについて、字幕《じまく》や手話などを、例外的に無断《むだん》でつけることができます。

また、そうした字幕《じまく》や手話をつけたものを、耳の不自由な方々のためにコピーしたり、ネット配信したり、貸《か》し出《だ》したりすることも、例外的に無断《むだん》でできます。

「知る権利《けんり》」を守り「民主主義《みんしゅしゅぎ》を維持《いじ》する」ための例外

（一）「報道《ほうどう》」のための利用（コピー・送信など）

例えば「盗《ぬす》まれた絵が発見された」という場合、その絵を写真にとって新聞にのせたり、テレビニュースで見せたりするようなことは、例外的に無断《むだん》でできます。これは、「自由な報道《ほうどう》」を確保《かくほ》して、国民の「知る権利《けんり》」を守り、民主主義《みんしゅしゅぎ》を維持《いじ》するためのものです。

（二）「政治家《せいじか》の演説《えんぜつ》」や「裁判《さいばん》での陳述《ちんじゅつ》」の利用（コピー・送信など）

公開の場で行われた「政治家《せいじか》の演説《えんぜつ》」や、「裁判所《さいばんしょ》で行われた公開の陳述《ちんじゅつ》」などは、コピーに限《かぎ》らず、ネット配信など、あらゆる方法で利用することができます。

（三）情報《じょうほう》公開法による公開（コピーなど）

情報《じょうほう》公開法により、国や地方自治体の機関などが、人々から請求《せいきゅう》された「情報《じょうほう》の開《かい》示《じ》」を行う場合には、その情報《じょうほう》をコピーして請求者《せいきゅうしゃ》にわたすことなどを、例外的に無《む》断《だん》できます。

(四) 広報資料《こうほうしりょう》のコピー

国や地方自治体の機関などが、広く人々に知らせるために作った「広報資料《こうほうしりょう》」「報告書《ほうこくしょ》」などは、説明用資料《しりょう》として新聞や雑誌《ざっし》に転載《てんさい》(コピー)することができます。

ただし、「転載禁止《てんさいきんし》」などと書かれている場合を除《のぞ》きます。

まだまだたくさんあるのですが、あとは次にしましょう。

第23話

その他のいろいろな例外ルール

著作権《ちょさくけん》の法律《ほうりつ》ルールの中には、まだまだたくさんの例外ルールがあります。ここでは、「その他の例外ルール」の代表例について、まとめて紹介《しょうかい》しておきましょう。

「図書館」に関係する例外

(一)図書館からの「貸《か》し出《だ》し」

第11話でお話ししたように、「人々にコンテンツ(本・CD・DVDなど)を貸《か》し出《だ》す」という行為《こうい》は、著作権《ちょさくけん》がおよぶ「人々(公衆《こうしゅう》)への伝達」にふくまれます。

しかし、「①もうけることが目的ではない」「②料金を取らない」という二つの条件《じょうけん》を満たす場合には、例外的に無断《むだん》でできることになっています。

これは実は、図書館だけが対象ではなく、いわゆる「学級文庫」（生徒や保護者《ほごしゃ》が本を持ち寄《もよ》ってクラス内に保管《ほかん》し、だれでも借りられるようにしてあるもの）など、「あらゆる貸《か》し出《だ》し行為《こうい》」を対象としています。

ただし、ＤＶＤ・ビデオ・ゲームソフトなど、「動画をふくむコンテンツ」の無料貸《か》し出《だ》しは、図書館などしか行えません。

(二) 図書館職員《しょくいん》による「コピー」

「もうけることが目的でない」場合には、公共図書館などの職員《しょくいん》は、図書館に来た人からの依頼《いらい》を受けて、本の「一部分」のコピーを、「一人につき一部だけ」提供《ていきょう》するために、例外的に無断《むだん》で作成できることになっています（「コピーしてわたす」ことだけが対象なので、「ファックス送信」や「メール送信」はできません）。

また、このような「コピー」を例外的に無断《むだん》で行えるのは、公共図書館などだけであり、小中学校の学校図書館や学級文庫は、この例外ルールの対象にはなりません。

学校の図書館の本をコピーしたい場合には、図書館から借り出して、第21話でお話しした「個人的《こじんてき》に使う」場合の例外ルールを使い、自分でコピーすればいいのです（授《じゅ》業用《ぎょうよう》の教材にする場合は、第22話でお話しした例外がありますね)。

国の機関に関係する例外

(一)「国会」で法律《ほうりつ》を作るのに必要な「コピー」

「法律《ほうりつ》を作るために必要な政府《せいふ》や国会の中で使う資料《しりょう》」を作成する場合には、一定の範囲《はんい》で、資料《しりょう》などを、例外的に無断《むだん》でコピーできます。

(二)「裁判所《さいばんしょ》」での裁判《さいばん》に必要な「コピー」

「裁判《さいばん》に必要な資料《しりょう》」を作成する場合には、一定の範囲《はんい》で、資料《しりょう》などを、例外的に無《む》断《だん》でコピーできます。

(三)政府《せいふ》や役所での業務《ぎょうむ》に必要な「コピー」

政府《せいふ》や県庁《けんちょう》などの役所の中で「役所の業務《ぎょうむ》に必要な内部資料《しりょう》」を作成する場合には、一定の範囲《はんい》で、資料《しりょう》などを、例外的に無断《むだん》でコピーできます。

（四）特許権《とっきょけん》などの出願や新薬の審査《しんさ》手続きなどに必要な「コピー」

特許庁《とっきょちょう》に対して特許権《とっきょけん》・意匠権《いしょうけん》・商標権《しょうひょうけん》などを認《みと》めてもらうための書類を出す場合には、「新しく考え出されたものであること」を証明《しょうめい》するために、論文《ろんぶん》などを、例外的に無断《むだん》でコピーできます。

また、新しい薬を売り出すことを認《みと》めてもらうための審査《しんさ》の手続きに必要である場合には、新しい薬の安全性《あんぜんせい》を証明《しょうめい》するための論文《ろんぶん》などを、例外的に無断《むだん》でコピーできます。

その他の例外

（一）屋外にある「美術品《びじゅつひん》」「建物」の利用

芸術的建築物《げいじゅつてきけんちくぶつ》や、屋外に設置《せっち》されていてだれでも見ることができる美術品《びじゅつひん》（彫刻《ちょうこく》など）は、写真撮影《さつえい》やネット配信など、原則《げんそく》として自由に利用できます。

（二）美術館《びじゅつかん》などの展示品《てんじひん》の説明・解説《かいせつ》のためのコピーや上映《じょうえい》など

美術館《びじゅつかん》などでは、展示《てんじ》する美術品《びじゅつひん》や写真を説明・解説《かいせつ》するための小冊子《しょうさっし》にのせるためにコピーしたり、館内で上映《じょうえい》したり、インターネット送信することは例外的に無断でできます。また、どのような作品を展示《てんじ》しているかを知らせるためにホームページにアップロードすることも例外的に無断でできます。

（三）美術品《びじゅつひん》などのネット販売《はんばい》のための「コピー」「送信」

美術品《びじゅつひん》や写真を、ネットオークションなどにかけるときに、見本の写真をコピーしたり送信したりすることは、例外的に無断《むだん》でできます。

（四）バックアップコピーの作成

コンピュータープログラムを買った人が、念のためにバックアップコピーをとっておく場合には、例外的に無断《むだん》でコピーできます。

ただし、元のコンピュータープログラムを売ってしまった場合には、そのバックアップコピーは、消去しなければなりません。

（五）テレビ番組を「公衆《こうしゅう》に直接《ちょくせつ》見せる」こと

テレビ番組を受信しながらそれを「人々に見せてしまう」という行為《こうい》は、第11話で

朝日ラーメン
家庭用《かていよう》テレビだからOK!

お話ししたように、著作権《ちょさくけん》がおよぶ「人々（公衆《こうしゅう》）への伝達」ですが、「普通《ふつう》の家庭用テレビ受像機《じゅぞうき》」を使っている場合は（「もうけること」が目的である場合もふくめて）例外的に無断《むだん》でできることになっています。例えば、ラーメン屋などがテレビを置いて、お客に番組を見せる行為《こうい》は、この例外があるために、無断《むだん》でできるのです。

しかし、テレビにプロジェクターなどを接続《せつぞく》して、拡大《かくだい》しながら番組を映写《えいしゃ》する場合は、第18話でお話しした、「放送した者」が持つ「無断《むだん》でテレビ番組を大画面で人々に提示《ていじ》されない権利《けんり》」の対象になりますので、（「もうけること」が目的でない場合もふくめて）放送局の了解《りょうかい》を得ることが必要になります。

(六) たまたまコピーや写真、録音、放送に入り込んでしまったコンテンツの利用

部屋で家族の記念写真の撮影をした場合に、たまたま後ろにある絵が写り込んだり、運動会で子どものビデオの録画をしている際に後ろに流れている音楽が入り込んだりしてしまうことがありますね。こうした写真やビデオを家族だけで楽しんでいる場合には、個人的《こじんてき》な「娯楽《ごらく》」や「勉強」を目的にする場合の例外にあたりますから、コンテンツを無断《むだん》でコピーすることができることは第21話で説明しました。

では、その写真やビデオをインターネット上にアップロードしたりして人々（公衆《こうしゅう》）

に伝達するのはどうでしょう。

撮影（録音や録画をしないテレビの生中継なども含みます）やコピーの際に入り込んでしまうコンテンツが、撮影やコピーをする中心のものではなく、部分的なものにすぎない場合には、そうした形で入り込んでいるコンテンツを利用することは、加工しても、もうけるためでも、例外的に無断でできます。

(七) コンテンツがどこにあるか検索《けんさく》できるようにするためなどの利用

グーグルやヤフーなどの検索《けんさく》サービスは、インターネットを利用する上で大変便利で重要なサービスです。こうした検索《けんさく》サービスは、インターネット上のサイトの検索《けんさく》ができるようにしているものですが、インターネット上のサイトに限《かぎ》らず、図書館や博物館、映画《えいが》会社や出版社《しゅっぱんしゃ》など、世の中のコンテンツがどこにあるかを検索《けんさく》できるように、世の中の「コンテンツ」をあらかじめできるだけコピーし、蓄積《ちくせき》して、検索《けんさく》結果としてどこにどのような「コンテンツ」があるかを示《しめ》すためにその「コンテンツ」の一部を公衆《こうしゅう》にインターネット送信などをすることは例外的に無断《むだん》でできます。

ただし、公衆《こうしゅう》へのインターネット送信などはその「コンテンツ」のごく一部に限《かぎ》ります。

（八）「コンテンツ」を見たり聞いたりなど直接《ちょくせつ》楽しむためではない利用

新しいテレビ録画機を開発する場合には、実際《じっさい》にテレビを受信してちゃんと録画ができるかどうかを確認《かくにん》する必要があります。この場合、テレビ放送される「コンテンツ」を見て楽しむために録画するのではなく、きれいに録画できるどうかの試験のために録画しているだけです。このように「コンテンツ」を見たり聞いたりして楽しむためでない目的で「コンテンツ」をコピーするなど利用することは、例外的に無断《むだん》でできます。

（九）「心を守る権利《けんり》」の例外

「心を守る権利《けんり》」についても、「例外的に無断《むだん》で公表・改変などをしてよい場合」に関する例外がありますが、そのほとんどは、みなさんの生活とは関係しません。

みなさんに関係する例外としては、例えば、「教科書に掲載《けいさい》するために、元の小説などの用字や用語を子ども向けにやさしくする場合には、無断《むだん》で改変してもよい」とか、「カラオケで歌っているときに、歌がへたなために音程《おんてい》をはずしても、『無断《むだん》で改変されない権利《けんり》』の侵害《しんがい》にはならない」とか、「コンピュータープログラムについて、バグの修正《しゅうせい》やバージョンアップをしても、『無断《むだん》で改変されない権利《けんり》』の侵害《しんがい》にはならない」といったものがあります。

実は、これでも全部ではなく、まだまだあるのです。

中には、「どう考えてもいらないだろう」と思える例外ルールもありますし、「他《ほか》の国々では、権利者《けんりしゃ》・利用者の契約《けいやく》で対応《たいおう》している」というものも少なくありません。

実は、「本来は契約《けいやく》で個別《こべつ》に決めるべきこと」を「全部法律《ほうりつ》に書いてくれ」というのが（契約《けいやく》が苦手な）日本のビジネス界の特徴《とくちょう》です。

要するに、後々問題が起きないように、自分たちの努力でしっかりした「契約《けいやく》」をするのではなく、「自分たちが努力しなくても問題が起きないよう、政府《せいふ》や役人が一律《いちりつ》の法律《ほうりつ》ルールを決めてくれ」と言っているわけであり、そうした傾向《けいこう》が、著作権法《ちょさくけんほう》をますます複雑《ふくざつ》にしているのです。

みなさんはどう考えますか。

第24話

「特定の業界」を有利にする例外ルール

著作権《ちょさくけん》の「例外ルール」の必要性《ひつようせい》については、「公益《こうえき》（みんなの幸せ）のために必要なのだ」と説明されることが多いようです。

しかし実は、よく見ると、「政治力《せいじりょく》」（多くの国会議員が味方になってくれる状況《じょうきょう》を作れる力）が強い業界だけを有利にするための「例外ルール」も、少なくないことがわかります。そのような「例外ルール」について、これまでお話ししたものもふくめ、整理してみましょう。

「映画《えいが》業界」を有利にするための例外

(二) 俳優《はいゆう》の了解《りょうかい》を得て「映画撮影《えいがさつえい》」が行われたら、その映画《えいが》の利用について、「俳優《はいゆう》」たちの「伝えた人の著作権《ちょさくけん》」は消滅《しょうめつ》してしまう

この例外ルールについては、第20話でお話ししました。

この例外ルールのおかげで、映画《えいが》会社は、できあがった映画《えいが》について、「DVD化」「テレビ放送」「ネット配信」「レンタル」などを行うときに、出演《しゅつえん》している(映画《えいが》の部品として「演技《えんぎ》」を提供《ていきょう》した)「俳優《はいゆう》」たちの了解《りょうかい》を得る必要がなく、映画《えいが》会社だけがもうけることができるのです。

レコード会社が、音楽CDについて「コピー」や「ネット配信」などを行うときには、「歌手」の了解《りょうかい》を得ることが必要なのに、映画《えいが》会社の場合は、「俳優《はいゆう》」の了解《りょうかい》はいらないということです。

なお、撮影後《さつえいご》に消滅《しょうめつ》してしまうのは、俳優《はいゆう》の「財布《さいふ》を守る権利《けんり》」だけであって、「心を守る権利《けんり》」は消滅《しょうめつ》しません。

（二）映画《えいが》会社が「映画監督《えいがかんとく》」に頼《たの》んで映画《えいが》を撮影《さつえい》してもらった場合、映画監督《えいがかんとく》の「財《さい》布《ふ》を守る権利《けんり》」は、自動的に映画《えいが》会社に移《うつ》ってしまう

この例外ルールについては、第14話でお話ししました。

映画《えいが》を「作った人」＝「著作者《ちょさくしゃ》」は、映画監督《えいがかんとく》です。したがって本来は、その映画《えいが》について、「心を守る権利《けんり》」も「財布《さいふ》を守る権利《けんり》」も、映画監督《えいがかんとく》が持つはずです。

しかし、この例外ルールによって、「財布《さいふ》を守る権利《けんり》」の部分は、自動的に映画《えいが》会社に取り上げられてしまうのです。

この例外ルールのおかげで、映画《えいが》会社は、できあがった映画《えいが》について、「DVD化」「テレビ放送」「ネット配信」「レンタル」などを行うときに、著作者《ちょさくしゃ》である「映画監《えいがかん》督《とく》」の了解《りょうかい》を得る必要がなく、映画《えいが》会社だけがもうけることができるのです。

なお、映画《えいが》会社に自動的に移《うつ》ってしまうのは、映画監督《えいがかんとく》の「財布《さいふ》を守る権利《けんり》」だけであって、「心を守る権利《けんり》」は、引き続き映画監督《えいがかんとく》が持っています。

「放送業界」を有利にするための例外

(三) 放送局がCDを放送するときには、「レコード会社」や「歌手」の了解《りょうかい》を得る必要はない(後でお金だけはらえばよい)

この例外ルールについては、第19話と第20話でお話ししました。放送局が、音楽のCDなどを放送するときには、「伝えた人の著作権《ちょさくけん》」を持つ「レコード会社」と「歌手・演奏者《えんそうしゃ》」には、「お金だけはらっておけばよい」ということになっています。

この例外ルールのおかげで、放送局は、音楽CDなどの放送について、事前に「レコード会社」「歌手・演奏者《えんそうしゃ》」の了解《りょうかい》を得る必要がなくなり、「レコード会社の団体《だんたい》」「歌手・演奏家《えんそうか》などの団体《だんたい》」と「放送局の団体《だんたい》」の間で決められたお金を、しはらうだけでよくなったわけです。

（四）「著作者《ちょさくしゃ》」や「俳優《はいゆう》」から、「放送すること」の了解《りょうかい》を得た放送局は、「著作物《ちょさくぶつ》」や「俳優《はいゆう》の演技《えんぎ》」を、無断《むだん》で録画（コピー）できる

「録画（コピー）すること」と「放送すること」は別々の行為《こうい》なので、別々の権利《けんり》の対象になっています。

したがって、例えば「事前に録画し、後に放送するテレビドラマ」の場合、放送局は、「脚本《きゃくほん》を作った著作者《ちょさくしゃ》」や「演《えん》じた俳優《はいゆう》たち」から、「録画すること」と「放送すること」の二つの行為《こうい》について、事前に了解《りょうかい》を得なければいけないはずです。

しかし「それは面倒《めんどう》だ」（録画・放送の両方に、お金を取られるかもしれない）と考えた放送業界が、「放送の了解《りょうかい》だけでいい」という例外ルールを作らせました。

この例外ルールは、ドラマを「生で放送」するのも「録画してから放送」するのも、時間をズラすだけなので、同じことだ（だから録画という行為《こうい》に意味はないので、録画について了解《りょうかい》を得る必要はない）——という理屈《りくつ》で設《もう》けられたものです。

つまり、あくまでも、「生放送」の時間をズラして、「後日に放送するため」の例外です。したがって、そのドラマについて、後に「ＤＶＤ化」「ネット配信」など、「放送以外の利用」をするには、関係する権利者《けんりしゃ》たちの了解《りょうかい》が必要になります。

将来《しょうらい》、「DVD化」や「ネット配信」をしたいのであれば、放送局は、「最初にドラマを撮影《さつえい》する時点」で、権利者《けんりしゃ》たちと、DVD化やネット配信についても「契約《けいやく》」をしておく方が良いはずです。

実際《じっさい》に他《ほか》の国々の放送局では（この例外ルールが条約《じょうやく》や各国の著作権法《ちょさくけんほう》に規定《きてい》されているにもかかわらず）この例外ルールは使わずに、権利者《けんりしゃ》たちとしっかり（後々の利用もふくめた）契約《けいやく》をしているケースが多くあります。

しかし、日本の放送局は、そうした契約《けいやく》をせずに、この例外ルールを多く使ってきた歴史があります。

このため、（非常《ひじょう》に多くの権利者《けんりしゃ》たちの了解《りょうかい》を改めて得なければいけないので）DVD化・ネット配信などをするときに苦労する「過去《かこ》の放送番組」が、日本ではかなり多くなっているのです。

安易《あんい》な優遇《ゆうぐう》は、後々になってかえって問題を起こす――という例の典型です。

「CDレンタル業界」を有利にするための例外

(五) 発売後一年たったCDをレンタルするときには、「歌手」や「レコード会社」の了解《りょうかい》を得る必要はない（後でお金だけはらえばよい）

この例外ルールについては、第19話と第20話でお話ししました。

この例外ルールのおかげで、レンタルショップは、発売後一年たったCDをレンタルするときには、「伝えた人の著作権《ちょさくけん》」を持つ「歌手・演奏者《えんそうしゃ》」「レコード会社」の了解《りょうかい》を事前に得る必要はなく（お金さえはらえば）自由にレンタルができるのです。

今は、実際《じっさい》にはレコード会社とレンタルショップの話し合いで、ほとんどのCDは、発売後1週間以内にレンタルができるような契約《けいやく》ができています。

「デジタル技術《ぎじゅつ》関係業界」を有利にするための例外

(六) 「コンテンツ」を見たり聞いたりして直接《ちょくせつ》楽しむ目的でなければ著作物《ちょさくぶつ》、レコード、放送、演技《えんぎ》を了解《りょうかい》なくどんな使い方もできる

この例外ルールについては第23話でお話ししました。もともと、小説でもマンガでも映画《えいが》でも歌でも、「コンテンツ」は見たり聞いたりして楽しむものですね。

ところが技術《ぎじゅつ》が進んで、パソコンやインターネットでいろいろなことができるようになると直接《ちょくせつ》見たり聞いたりしないで「コンテンツ」を使うことが増《ふ》えてきました。

ブログやツイッターで多くの人が、自由にさまざまな情報《じょうほう》や意見を公衆《こうしゅう》に送信しています。こうした情報《じょうほう》を大量にコピーしてコンピューターで調べると、例えばだれが一番人気があるかとか、一番評判《ひょうばん》の良いお菓子《かし》は何かということがわかります。そういうことがわかればお菓子《かし》を売っている人には便利ですね。そういう情報《じょうほう》をたくさん調べて欲《ほ》しがっている人に売ることができます。

しかも、今はAI（人工知能《じんこうちのう》）がたいへん進んで役に立つようになっています。将棋《しょうぎ》の藤井七段《ふじいしちだん》が、AIを利用して将棋《しょうぎ》の勉強をして強くなったことは有名ですね。

AIが将棋《しょうぎ》に強くなるためには、できるだけ多くの今までの勝負の記録（棋譜《きふ》といいます）を集めることが必要です。これからもAIはいろんな分野でどんどん進んでいこうとしています。そのためには、できるだけたくさんの情報《じょうほう》を集めてAIに覚えさせることが必要です。

その中には「コンテンツ」もふくまれます。AIが「コンテンツ」を覚えるというのはコピーすることですね。コピーするためには了解《りょうかい》が必要なことは、第10話で説明しました。

そこで、AIをどんどん使って世の中を便利にすると同時に、それでもうけようとするAI関係やインターネット関係の業界の人達がいっしょになって、「コンテンツ」を見たり聞いたりして楽しむのでなければ了解《りょうかい》なく使えるという例外ルールを作りました。

第19話では、「ネット配信業界」が「政治力《せいじりょく》」の一番弱い業界でしたが、AI業界といっしょになって、「デジタル技術《ぎじゅつ》関係業界」となることにより、その「政治力《せいじりょく》」が強くなったおかげでできた例外ルールです。

これらの(特定の業界だけを優遇《ゆうぐう》するための)例外ルールについて、みなさんはどうお考えでしょうか。

「みんなのため」になるのであれば、「一部の業界を優遇《ゆうぐう》する」ということは、当然あり得ます。

例えば、日本の農業を守るために、日本人は「国際的《こくさいてき》な価格《かかく》の約三倍」もする高いお米を買っていますが、国民はそれを認《みと》めています。

よくいわれる問題は、「そうした一部業界だけのための法律《ほうりつ》ルールが、国民の知らないところで作られている」ということですが、この指摘《してき》はまちがっています。

民主主義国家《みんしゅしゅぎこっか》では、「主権《しゅけん》」は国民にありますが、同時に「責任《せきにん》」も国民にあるのです。ですから、国民の側が常《つね》に情報《じょうほう》を収集《しゅうしゅう》して、国政《こくせい》に目を光らせ、問題があれば自ら行動しなければならないのです。

第25話

図書館が本を貸《か》すと…
―みなさんはどう考えますか？―

これまでお話ししてきた「例外のルール」については、「もっと自由に使わせろ」と言う利用者たちと、「例外は減《へ》らすべきだ」と言う権利者《けんりしゃ》たちとの間で、激《はげ》しい対立が続いており、著作権法《ちょさくけんほう》も毎年のように改正されています。

図書館は著者《ちょしゃ》に損害《そんがい》をあたえている？

ここでは、一つ具体的な例をあげて、みなさん自身にも考えていただきたいと思います。民主主義国家《みんしゅしゅぎこっか》である日本では、将来《しょうらい》の法律《ほうりつ》ルールはみなさんが作るものだからです。

ここで取り上げる例は、「図書館が本を貸《か》すこと」についてです。

「人々に本を貸《か》し出《だ》す」という行為《こうい》は、第11話でお話ししたように、著作者《ちょさくしゃ》に無断《むだん》でしてはいけない行為《こうい》です。しかし、第23話でお話ししたように、「①もうけることが目的ではない」「②料金を取らない」という二つの条件《じょうけん》を満たせば、例外的に無断《むだん》で貸《か》し出《だ》せます。この例外ルールを使って、図書館は、人々に本を無料で貸《か》し出《だ》しているわけです（館内で読むのは貸《か》し出《だ》しではないので、元々著作権《ちょさくけん》はおよんでいません）。

しかし、図書館から本を借りて読んでしまった人は、普通《ふつう》はもうその本を本屋で買ったりはしませんね。そうなると、本の売れ行きが減《へ》って、売上数に応《おう》じて出版社《しゅっぱんしゃ》からお金をもらっている著作者《ちょさくしゃ》たちは、「損《そん》をする」ことになるわけです。

このことについて、著作者《ちょさくしゃ》たちは、次のように言っています。

「図書館が本を貸《か》し出《だ》すことに公益性《こうえきせい》がある（みんなのためになる）のはわかる。しかし、公益《こうえき》を実現《じつげん》するためのコスト（費用）は、普通《ふつう》は税金《ぜいきん》でまかなうのではないか。なぜ図書館からの貸《か》し出《だ》しについてだけ、著作者個人《ちょさくしゃこじん》が（本の売り上げが減《へ》るという形で）そのコストを負担《ふたん》しなければいけないのか。いちいち了解《りょうかい》を取れとはいわないが、せめて、図書館は著作者《ちょさくしゃ》に、補償金《ほしょうきん》をしはらってほしい」

これに対して図書館側は、「図書館がしていることには高い公益性《こうえきせい》があるのだから、お金なんかはらう必要はない。図書館が本を貸《か》し出《だ》すことで、かえって本が売れることもあるのではないか」と主張《しゅちょう》しています。

著作者《ちょさくしゃ》の側が主張《しゅちょう》している、「図書館からの貸《か》し出《だ》しについて（本の売り上げ減少分《げんしょうぶん》を補《おぎな》うために）図書館から補償金《ほしょうきん》をもらえる権利《けんり》」のことを、「公共貸与権《こうきょうたいよけん》」といいますが、普通《ふつう》は略《りゃく》して「公貸権《こうたいけん》」と呼《よ》びます。

DVD・ビデオの貸《か》し出《だ》しにはすでに「公貸権《こうたいけん》」があたえられている

この公貸権《こうたいけん》は、いくつかの国ですでに取り入れられており、また、日本でも、「図書館からのDVD・ビデオの貸《か》し出《だ》し」については、すでに取り入れられています。

DVD・ビデオの場合は、第22話でお話ししたように、「①もうけることが目的ではない」「②入場は無料」「③出演者《しゅつえんしゃ》への追加ギャラはなし」という条件《じょうけん》が満たされれば、図書館から借り出した人が、「無料上映会《じょうえいかい》」をできるからです。

そこで見てしまった多くの人々は、もうDVDを買わないので、本の場合よりも権利者《けんりしゃ》の被害《ひがい》が大きくなります。そのため、図書館が（多くの場合、DVD・ビデオを買う時点で一括《いっかつ》して）補償金《ほしょうきん》をはらうことになっているのです。

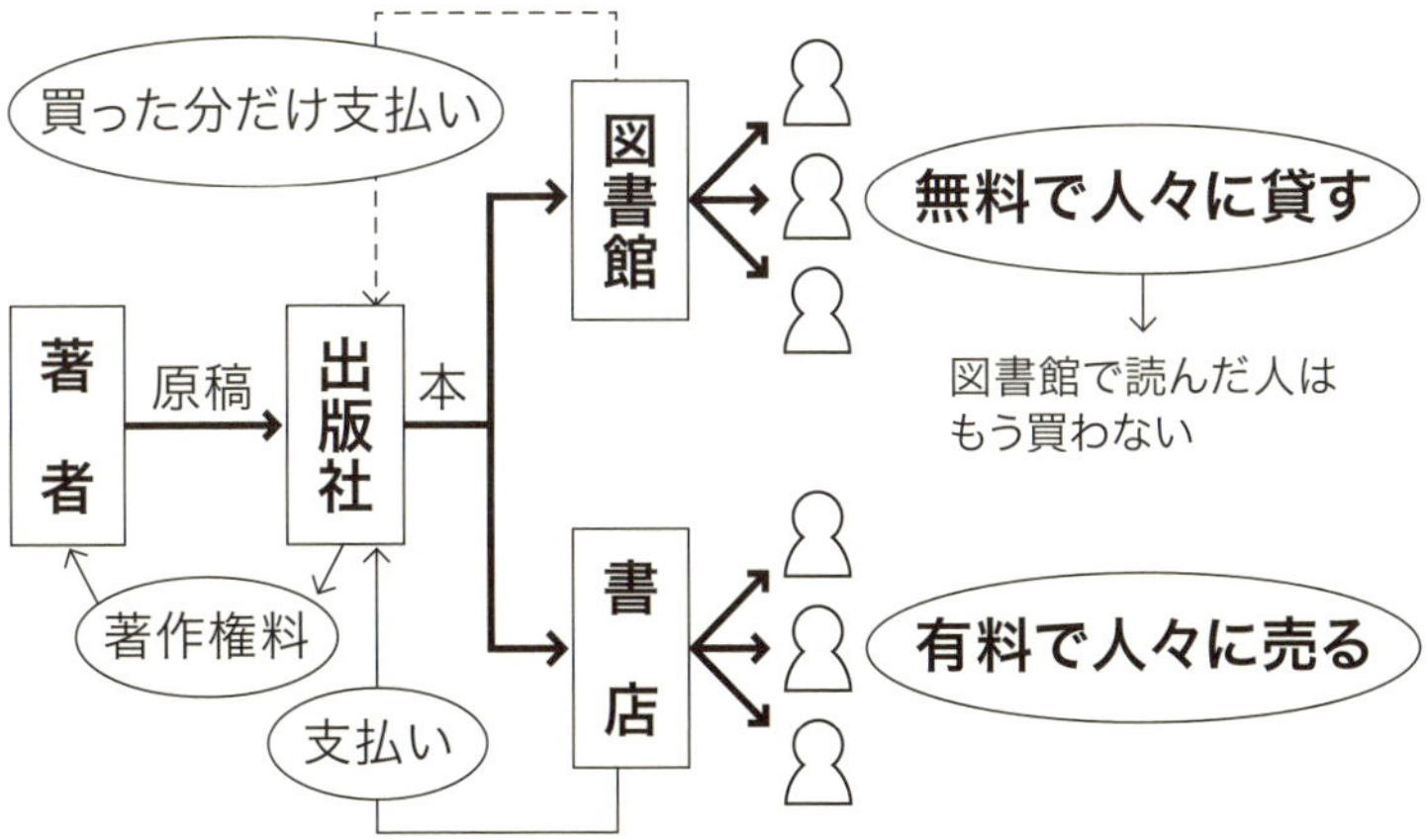
買った分だけ支払い
図書館
無料で人々に貸す
図書館で読んだ人は
もう買わない
著者
原稿
出版社
本
書店
有料で人々に売る
著作権料
支払い

この「公貸権《こうたいけん》」という権利《けんり》を「本の貸《か》し出《だ》し」についても著作者《ちょさくしゃ》たちにあたえるべきか——ということについては、著作者側《ちょさくしゃ》と図書館側が、数十年にわたって論争《ろんそう》（というより「おたがいの悪口の言い合い」）をしていますが、いっこうに進展《しんてん》がありません。大人たちは、「自分の方が正義《せいぎ》で、相手が悪だ」とおたがいに思《おも》い込《こ》んで、ケンカのような言い合いをしており、建設的《けんせつてき》な話し合いをしないからです。この問題については、学校で話し合ってもらうと、大人たちよりもずっと良い意見が出ます。

あなたの意見は？

ある学校では、次のようなさまざまな意見が、生徒たちから出されました。

・「本を貸《か》し出《だ》すときにお金を取るようにして、そのお金を著者《ちょしゃ》にわたせばいい」
・「それでは、お金のない人は図書館から本を借りられなくなってしまう」
・「それなら、お金持ちの人はお金をはらい、お金のない人ははらわなくてもよいようにすればいい」
・「それでは、図書館で本を借りるところをだれかに見られたら、お金のない人だとバレてしまい、差別されるかもしれない」

・「図書館は、同じ本を、例えば、二冊《さつ》しか買えないようにすればいい」
・「都会と地方では人口がちがうので、買える本の冊数《さっすう》は人口比例《ひれい》にすべきだ」
・「図書館は、同じ本を何冊《なんさつ》買ってもいいが、本が出版《しゅっぱん》されてから、例えば一年間は、貸し出《かだ》し禁止《きんし》ということにすればどうか」
・「補償金《ほしょうきん》をはらうようにしたら、図書館のお金が減《へ》って、図書館が毎年買える本の冊《さっ》数《すう》が減《へ》るので、人気のない本の著作者《ちょさくしゃ》は、かえって損《そん》をするのではないか」
・「それなら、その補償金《ほしょうきん》は、個々《ここ》の図書館がはらうのではなく、政府《せいふ》が税金《ぜいきん》ではらったらどうか」
・「それでは、図書館の本を借りない人や、図書館がない地域《ちいき》に住んでいる人々の税金《ぜいきん》もそれに使われてしまうので、おかしい」

さあ、みなさんは、どう考えますか。チャンスがあったら、ぜひみなさんの学校やクラスの中で、「将来《しょうらい》どんなルールにしたらよいか」を話し合ってみてください。「これが正解《せいかい》だ」という答えはありません。学校のテストとはちがい、こうした問題の「答え」は、「思い出す」とか「見つける」というものではなく、「みんなで話し合って作り出す」ものなのです。

第5章

ルールを「使いこなせる」ようになろう

～みなさんは「自由」を使いこなせるか～

第26話

「法律《ほうりつ》」と「契約《けいやく》」のちがい

ここから、第4話でお話しした「三つの大きな分野」のうち、二番目の「法律《ほうりつ》ルールを使いこなす」という分野に入ります。

第4話でお話ししたように、この分野には、次の二つのテーマがあります。

(一) 自分の判断《はんだん》で「責任《せきにん》ある契約《けいやく》ができる」こと

(二) 自分の判断《はんだん》で「自分を守るための行動ができる」こと

「法律《ほうりつ》ルール」と「契約《けいやく》ルール」の関係

最初に、(二)の「契約《けいやく》」についてお話ししたいと思います。まず、次の文章を読んでみてください。

「無人島に一人」という場合には、ルールは必要ありません。自由に行動すればよいのです。しかし、「無人島に二人」になると、自由と自由がぶつかり合います。二人とも、「自分が望む場所に自由に寝《ね》たい」とか「自分がいつでも自由に果物を取りたい」などと思っているからです。そうなると、「二人のルール」が必要になりますね。例えば、「腹《はら》が立っても暴力《ぼうりょく》は禁止《きんし》」といったルールです。

おや……。どこかで見たような文章ですね。これは、この本の第1話に出てきたものと同じです。では、次に進んでください。

無人島に二人しか住んでいないとき、その二人が、モメないように「ルール」を決めました。このルールは、二人の「法律《ほうりつ》」だと呼《よ》んでもいいし、「契約《けいやく》」だと呼《よ》んでもいいものです。二人しかいないのですから、どちらでも同じことです。

しかし、島の人口が二人から十人へ、さらに百人へと増《ふ》えてくると、そのような「ルール」が、次の二種類に分かれます。

第一は**「全員」**が守らなければいけないルールです。

第二は**「約束した当人同士だけ」**が守ればいいルールです。

この島全体が一つの「国」になったとすると、第一のルールが「法律《ほうりつ》」で、第二のルールが「契約《けいやく》」です。

第一のルールとは、例えば、「この島では、道路の右側を歩かなくてはいけない」とか、「島の南側は危険《きけん》なので、泳いではいけない」といったルールです。

これは、島の住民の「全員」が、「常《つね》に守らなければいけない」というルールです。

第二のルールとは、例えば、AさんとBさんがおたがいに約束を交わして、「Aさんは、毎日Bさんに果物を届《とど》け、その代わり、Bさんは、毎日魚をつって、Aさんに届《とど》ける」といったルールです。

これは、「AさんとBさんだけ」が守ればいいルールです。他《ほか》の人々には関係ありません。

AさんもBさんも、このような約束（契約《けいやく》）を交わすかどうかは自由です。交わさなくても、かまいません。しかし、「自分の意思」で「約束（契約《けいやく》）する」と決めた場合には、その約束を必ず守りとおさなければいけません。

この本の第1話で、人の「行動」には次の三種類しかなく、これらのうち①と③は「社会のルール」で決められている、というお話をしましたね。

① してはいけないこと

② 自由であること

③ しなければいけないこと

前に書いた「この島では、道路の右側を歩かなければいけない」というルールは③にあたり、「島の南側は危険《きけん》なので、泳いではいけない」というルールは、①にあたります。

つまり、法律《ほうりつ》などの「社会のルール」といったときの「社会の」とは、「社会の中の全員が常《つね》に守らなければいけない」ということを意味しているわけです。

これに対して、Aさんと B さんが、「契約《けいやく》を交わす」という「行動」をするかしないかは、②にふくまれています。契約《けいやく》をするのもしないのも「自由」であり、おたがいの条件《じょうけん》が合わなければ、「契約《けいやく》しない」ということも「自由」だからです（契約《けいやく》をすると、相手のみに対して①や③が発生するのです）。

「法律」と「契約」のちがい

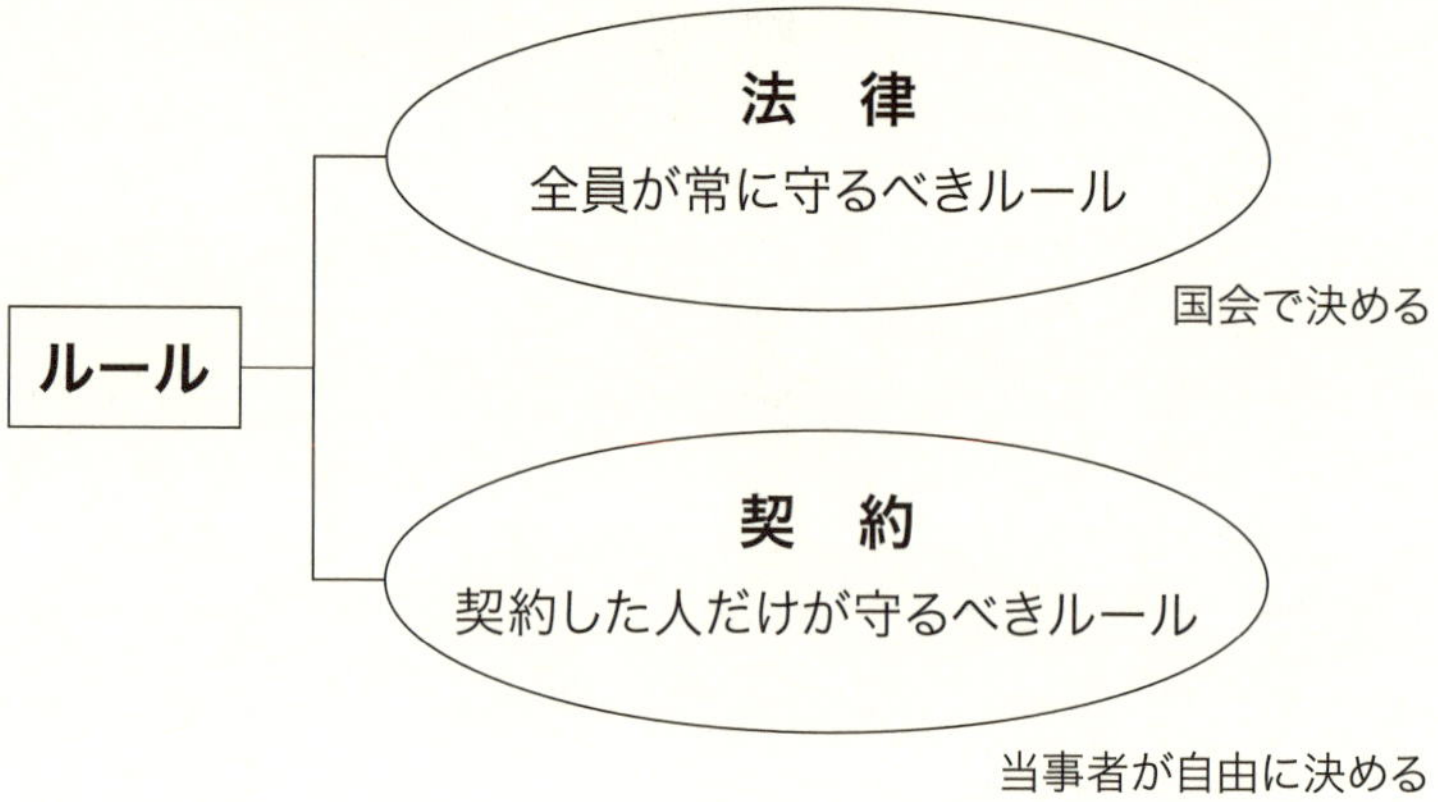
ルール
法　律
全員が常に守るべきルール
国会で決める
契　約
契約した人だけが守るべきルール
当事者が自由に決める

「契約《けいやく》」は契約《けいやく》した人々の「義務《ぎむ》」を決めるもの

契約《けいやく》というものも（当人の間だけのルールではあっても）ルールである以上、「してはいけないこと」や「しなければいけないこと」が決められているはずですね。前記のAさん・Bさんの例では、次のとおりです。

◆Aさんが「しなければいけない」こと＝毎日Bさんに果物を届《とど》けること
◆Bさんが「しなければいけない」こと＝毎日魚をつってAさんに届《とど》けること

この契約《けいやく》は、「しなければいけないこと」だけでできていますが、「してはいけないこと」も、もちろん盛《も》り込《こ》めます。

このように、「契約《けいやく》」とは、双方《そうほう》の**「義務《ぎむ》」**（してはいけないことや、しなければいけないこと）を決めるものです。

では、世の中にあるいろいろな契約《けいやく》について、「契約《けいやく》した人の義務《ぎむ》」の例をいくつか見てみましょう（契約書《けいやくしょ》というものを交わさない「口約束」でも、契約《けいやく》は成立するということは、第４話でお話ししましたね）。

◆アパートの貸《か》し借《か》りの契約《けいやく》

大家さんの義務《ぎむ》＝借りる人に、アパートを使わせること
借りる人の義務《ぎむ》＝大家さんに、家賃《やちん》をはらうこと

◆本を売買する契約《けいやく》

本屋さんの義務《ぎむ》＝買う人に、本をわたすこと
買う人の義務《ぎむ》＝本屋さんに、お金をはらうこと

◆定期券《ていきけん》を発行する契約《けいやく》

鉄道会社の義務《ぎむ》＝定期券《ていきけん》を買った乗客を、電車に乗せること
購入者《こうにゅうしゃ》の義務《ぎむ》＝定期券《ていきけん》の料金を、鉄道会社にはらうこと

◆A君の写真をB君がブログで使う代わりに、B君がA君にアイスクリームをおごるという契約《けいやく》

A君の義務《ぎむ》＝B君が写真をブログにのせることに文句《もんく》を言わないこと
B君の義務《ぎむ》＝A君に、アイスクリームをおごること

◆**Cさんが自分の子どもを百万円でDさんに売るという契約《けいやく》**
×無効《むこう》な契約《けいやく》　↑「人身売買」は法律《ほうりつ》ルール違反《いはん》なので、契約《けいやく》しても無効《むこう》

◆**EさんとFさんが一万円かけてトランプをするという契約《けいやく》**
×無効《むこう》な契約《けいやく》　↑「バクチ」は法律違反《ほうりついはん》なので、契約《けいやく》しても無効《むこう》

最後の二つは、仮《かり》にそのような契約《けいやく》をしたとしても「無効《むこう》」です。

なぜなら、自由な契約《けいやく》というものは、「法律《ほうりつ》ルールに違反《いはん》しない範囲《はんい》」（先ほどの②の範囲《はんい》）でのみ可能《かのう》だからです。

最後の二つの「人身売買」「バクチ」は、法律《ほうりつ》ルールによって、両方とも「①してはいけないこと」とされているのです。

第27話

日本の大人たちは「契約《けいやく》」が苦手

引き続き「契約《けいやく》」のお話をします。ここでは特に、「日本人は契約《けいやく》が苦手」ということについて、お話ししましょう。

日本人が大切にしようとする「和の精神《せいしん》」は、結構《けっこう》なものですが、実はこれが、「契《けい》約《やく》が苦手」という日本人の欠陥《けっかん》ももたらしています。

どんな契約《けいやく》も「全員が不満足」で当たり前

例えば、「あした、うちでいっしょにゲームやろうぜぇ」「オッケー」というときに、契約書《けいやくしょ》を交わす人はいませんね。それは、二人が「同じ方向」を向いているからです。

それに対して、第26話に出てきた、アパートの「大家さん」と「借りる人」の場合はどうでしょう。

大家さんの方は、「家賃《やちん》はなるべく高くしたい」とか「問題が起きたらすぐに出て行ってもらえるようにしたい」とか「動物は飼《か》わないでほしい」などと思っています。

それに対して、借りる人の方は、「家賃《やちん》はなるべく安くしたい」とか「こちらが希望する限《かぎ》り居座《いすわ》れるようにしたい」とか「せめて鳥、できればネコも飼《か》いたい」などと思っています。

つまり、両方の希望が「反対方向」を向いているわけです。

そこで「契約《けいやく》」を成立させるためには、おたがいに交渉《こうしょう》し、できるだけ歩《あゆ》み寄《よ》って(自分の希望の一部をあきらめて)「共通の約束」をしなければなりません。

ということは、「契約《けいやく》」というものは、どんなものであっても、契約《けいやく》した人たちの全員が、「実は不満だ」と思っていて当然だ——ということです。

もともと反対方向を向いている人々同士が契約《けいやく》するのですから、「完全に満足な契《けい》約《やく》」というものは、世の中にあり得ないのです。

高《たか》く貸《か》したいわ…
安《やす》く借《か》りたいな…
契約書《けいやくしょ》

「自分の希望」を「当然視《とうぜんし》」して相手を非難《ひなん》する日本人

ところが、第2話でお話ししたように、長い間「同質性《どうしつせい》の高い人々」がせまい土地で暮《く》らし、また、村の中で「和を保《たも》つ」ことが大切な水田耕作《すいでんこうさく》をずっと続けてきた日本では、多くの人々が、「みんな同じ心を持てるはずだ」とか「他人への思いやりを持てば問題は起きないはずだ」と、安易《あんい》に考えるような文化を持っています。

このような文化のもとでは、「対立の存在《そんざい》自体から目をそむけようとする」とか「対立の存在《そんざい》をかくそうとする」といった傾向《けいこう》が生じます。

「契約《けいやく》」とは、もともと「対立がある」ときにするものなのですから、そうした日本人が、契約《けいやく》を苦手とするのは、当然かもしれません。

契約《けいやく》をしようとする人々が、「自分自身の希望を実現《じつげん》しようとする」のは、完全に「自由」です。どのような希望を持っても、「心の中」は常《つね》に自由です。また、「自分の希望を相手に伝える」という「行動」も、(ルール違反《いはん》ではないので)自由です。第1話で整理した「②自由であること」にふくまれるからです。

しかし、それと全く同じ「自由」を、相手も持っているのです。ですから、「自分とは逆方向《ぎゃくほうこう》の希望」を持っている相手に対して、「そんな希望を持つこと自体がケシカラン」とか「思いやりがない」とか「和の精神《せいしん》に欠けている」などと言うのはルール（好きな希望を持ち、それを伝えることはだれでも自由というルール）に反することになります。

日本では、契約交渉《けいやくこうしょう》をしている相手に対して、そうした非難《ひなん》をする人が非常《ひじょう》に多いのですが、これは、「自分の希望は正しいこと」で「相手の希望は悪いことだ」という独善《どくぜん》におちいっており、相手の人権《じんけん》や自由を無視《むし》したものです。

「契約《けいやく》」のための努力をせずに「役人」に頼《たよ》る人々

著作権《ちょさくけん》について「契約《けいやく》」が必要になるケースの典型は、Aさん（権利者《けんりしゃ》）が作ったコンテンツについて、Bさん（利用者）が「使わせてくれ」と言ってくる場合です。

この場合Bさんは、単に「使わせてもらう」という契約《けいやく》をするよりも、「そのコンテンツの『財布《さいふ》を守る権利《けんり》』を丸ごと買い取ってしまう」という契約《けいやく》の方が有利です。そうすれば、自分が著作権者《ちょさくけんしゃ》になるわけですから、後々も自由に使えます。

Bさんがそのような契約条件《けいやくじょうけん》を提示《ていじ》した（希望を言った）とき、Aさんは、気に入らないなら、単に断《ことわ》ればいいのです。

しかし、日本でよくあるのは、Aさんが「人権《じんけん》の一種である著作権《ちょさくけん》をゆずれとはケシカラン」と怒《おこ》ってしまうというケースです。自分の価値観《かちかん》やモラル感覚を「他人も共有していて当然」と思っているのですね。これでは冷静な話し合いはできません。

また、こうした場合によくあるのは、Aさんが政府《せいふ》の役人のところに行って「Bはケシカランので、政府《せいふ》から指導《しどう》してくれ」などと言うことです。

こうした「何でも役人に頼《たよ》る態度《たいど》」が、日本の役人主導《しゅどう》を生んだのです。

また、例えば、Bさんが「十万円出すのでコピーさせてくれ」と言ったのに、Aさんが、何らかの理由でそれを断《ことわ》ったとしましょう。

そのような場合に日本でよくあるのは、Bさんの方が、「わたしが、社会的に有益《ゆうえき》な事業に使おうとして、適正《てきせい》な著作権料《ちょさくけんりょう》を提案《ていあん》しているのに、断《ことわ》るとはケシカラン」と言って怒《おこ》ってしまう、というケースです。

ここでいう「適正《てきせい》な著作権料《ちょさくけんりょう》」とは、あくまでも「Bさんの希望」としての金額《きんがく》であって、Aさんが「別の希望」を持つのも自由なのです。

この場合のBさんもまた、「自分が適正《てきせい》と思う金額《きんがく》を、他人も適正《てきせい》と思うべきだ」と思《おも》い込《こ》んでいるのですね。これでは建設的《けんせつてき》な話し合いはできません。

また、このような場合、Bさんも政府《せいふ》の役人に頼《たよ》って、「わたしが適正《てきせい》な条件《じょうけん》を提示《ていじ》しているのに断《ことわ》るとはケシカラン。政府《せいふ》からAに、了解《りょうかい》せよと指導《しどう》してくれ」などと言うのです。

なぜアメリカ人は契約《けいやく》が得意なのか？

このように、日本人がちゃんと契約《けいやく》できないということは、アメリカやヨーロッパの人々からもバカにされています。例えば、「著者《ちょしゃ》が本を出版《しゅっぱん》するときに、出版社《しゅっぱんしゃ》と契《けい》約書《やくしょ》を交わさないことが多い」とか、「俳優《はいゆう》がテレビに出演《しゅつえん》するときに、テレビ局と契《けい》約書《やくしょ》を交わすことはほとんどない」といったことについて、アメリカやヨーロッパの人々はおどろいています。

学校が次々にインターネットに接続《せつぞく》されていったとき、アメリカの学校では「すべての保護者《ほごしゃ》と契約書《けいやくしょ》を交わす」のが当然でした。「子どものたちの作文・絵や顔写真などを、学校のホームページにのせてよいか」ということに関する契約《けいやく》です。

ところが日本では、一部の自治体が、「学校のホームページにのせるものとのせないものの基準《きじゅん》」を検討《けんとう》していました。これは、明らかに人権軽視《じんけんけいし》です。

「人の権利《けんり》」については、第3話でお話ししたように、「了解《りょうかい》するかしないかは各人が自由に選べる」のでなければいけません。「ウチの子は車いすを使っているが、こんなにがんばっている姿《すがた》を全国の人々に見てもらいたい」と思う保護者《ほごしゃ》がいてもいいし、「見せたくない」と言う保護者《ほごしゃ》がいてもいいのです。

アメリカ人は契約《けいやく》が得意ですが、それは、「アメリカ人は頭がいい」からではなく、アメリカには多様な人々が住んでいるので、「契約《けいやく》するしかない」からです。

「みんな同じ心を持っているはず」「おたがいに空気を読むはず」という日本の文化は、「契約《けいやく》」に向いていないようですが、みなさんが大人になったときには、他人の自由も自分の自由も大切にして、「自由を使いこなせる」大人になってください。

第28話

「使わせてもらうときの契約《けいやく》」より重要な「作るときの契約《けいやく》」

著作権《ちょさくけん》について、日本人が抱《かか》える最大の問題は、多くの人々が「契約《けいやく》」をちゃんとできない、ということです。さらにいえば、「契約《けいやく》に問題があるのだ」ということに、多くの日本人が気づいていない——ということでしょう。

日本での「著作権《ちょさくけん》問題」の大部分は「法律《ほうりつ》問題」ではなく「契約《けいやく》問題」

多くの日本人は、「著作権《ちょさくけん》問題」と呼《よ》ばれているものを、「法律《ほうりつ》の問題」だと思《おも》い込《こ》んでいるようです。しかし、その大部分は、実は「契約《けいやく》の問題」（当事者同士が最初からちゃんと契約《けいやく》しておけば防《ふせ》げた問題）なのです。

日本の「著作権法《ちょさくけんほう》」は、いろいろな面について世界最高水準《すいじゅん》のものですが、「契約《けいやく》」に関する人々の習慣《しゅうかん》やシステムは、世界最低水準《すいじゅん》と言っても過言《かごん》ではありません。

本当にあった例を出してみましょう。ある小説家が、エッセーを二十本ほど書き、それを、知り合いの出版社《しゅっぱんしゃ》に「これ、キミんとこでどう使ってもいいよ」と言ってわたしました。

するとその出版社《しゅっぱんしゃ》は、そのエッセー集をネットで配信したのです。

それを知った小説家が怒《おこ》って「どう使ってもいいとは言ったが、キミんとこは本屋だろ。雑誌連載《ざっしれんさい》でも単行本でも文庫本でもいいと言ったのであって、送信していいと言った覚えはない！」と言いました。

それに対して出版社《しゅっぱんしゃ》は、「だって先生は、『どう使ってもいい』って言ったじゃないですか！」と反論《はんろん》したのです。

これが、日本で「著作権問題《ちょさくけん》」と呼《よ》ばれているものの典型的な例です。これは、「法律《ほうりつ》」の問題ではなく、「契約《けいやく》」の問題ですね。契約《けいやく》の内容《ないよう》があいまいで、両者が約束の内容《ないよう》（双方《そうほう》の義務《ぎむ》）をしっかり決めていなかったのです。

この二人が単にモメ続けていれば、笑い話にすぎなかったのですが、実はこの二人は、政府《せいふ》の役人のところに行き、「なんとかしてくれ」と言ったのです。

二人そろって、「小説家が出版社《しゅっぱんしゃ》に対して『どう使ってもいい』と口で言った（契約《けいやく》書《しょ》は交わさずに口頭で契約《けいやく》した）場合、その『どう使ってもいい』の法律的《ほうりつてき》な意味について、政府《せいふ》としての統一見解《とういつけんかい》を示《しめ》してくれ」とまで言いました。

しかしこれは、「二人の間の約束の内容《ないよう》（義務《ぎむ》の内容《ないよう》）はどうだったのか？」という問題であり、他人にはわからないので、政府《せいふ》に相談されても、もちろんどうすることもできません。

強《し》いて言えば、どちらかが「裁判《さいばん》」を起こせば、裁判所《さいばんしょ》が判決《はんけつ》を出してくれるかもしれませんが、「政府《せいふ》」にはどうすることもできないのです。こんなことまで政府《せいふ》や役人に頼《たよ》ろうとする大人が多いのが、日本の特徴《とくちょう》です。

「二人の間の問題なので、政府《せいふ》にはどうすることもできない」と知ったこの二人は、「だいたい著作権法《ちょさくけんほう》が悪いんだ！」と言いながら帰っていきました。これが、元々は「契約《けいやく》の問題」であったものが、「法律《ほうりつ》のせいにされている」という、日本における著《ちょ》作権《さくけん》問題の典型例です。

最初にちゃんと契約しないと…

「作るときの契約《けいやく》」で失敗したら後が大変

ところで、著作権《ちょさくけん》に関する「契約《けいやく》」というと、「すでに存在《そんざい》しているコンテンツ」を「使わせてもらう」というときの契約《けいやく》を、思《おも》い浮《う》かべる人が多いようです。

しかし実は、最も重要な契約《けいやく》は、「使わせてもらうときの契約《けいやく》」ではありません。一番重要なのは、「コンテンツを作るときの契約《けいやく》」なのです。

第14話で、「ポスターの製作《せいさく》」を「注文する」（他人に作ってもらう）という場合の問題についてお話ししましたね。同じような問題は、最近あちこちで起きています。

例えば、いろいろな自治体で、「マスコット・キャラクター」を作るのがはやっています。しかし、そのデザインを専門家《せんもんか》に依頼《いらい》したときに、「著作権《ちょさくけん》はだれが持つのか」ということの契約《けいやく》を、ちゃんとしていないことが多いのです。

そのために、新聞やテレビで報道《ほうどう》されるような問題が、あちこちで起きています。

また、日本では、「過去《かこ》の放送番組を、DVDやネット配信で使えないのは、著作権《ちょさくけん》があるから悪いのだ」などと言っている人が少なくありません。

どの国も、だいたい同じような著作権法《ちょさくけんほう》を持っているのに、他《ほか》の国々ではどんどんネット配信が行われているのは、いったいなぜなのでしょうか。これも実は、第24話でお話ししたように、「法律《ほうりつ》の問題」ではなく、「契約《けいやく》の問題」です。

他《ほか》の国々の放送局では、放送番組を「作るとき」に、関係する権利者《けんりしゃ》たちと、「DVD販売《はんばい》やネット配信もする」という契約《けいやく》をしているところが多くあります。しかし日本の放送局は、そのような契約《けいやく》をすることを、かつてサボッてきました。

要するに、「契約《けいやく》の問題」をかくすために、「著作権法《ちょさくけんほう》のせいにしている」だけなのです（あるいは、単に無知なのかもしれません）。

実は、もっと身近で、昔から問題があった例は、「学校の校歌」です。みなさんの学校の校歌は、だれが作詞《さくし》・作曲したものですか。

例えば、○○市が、「○○市立小中学校校歌集」という本を作ろうとしたとしましょう。その本に「コピーする」わけですから、作った人の了解《りょうかい》が必要ですね。

卒業式などで校歌を「歌う」（公衆《こうしゅう》に伝える）ことについては、第22話でお話ししたように、「①もうけることが目的ではない」「②入場は無料」「③出演者《しゅつえんしゃ》はギャラなし」という条件《じょうけん》が満たされれば、自由に歌えます。

しかし、本に「コピーする」ことについては、そのような例外が存在《そんざい》しませんので、著作権《ちょさくけん》を持っている作詞家《さくしか》・作曲家に連絡《れんらく》して、了解《りょうかい》を得なければなりません。

そのような場合によくあるのは、「三十年くらい前にこの学校にいらした音楽の先生が、作曲してくださったんですよねぇ。あのころもう五十代半ばでいらしたから、ひょっとするともう亡《な》くなっているかも……」といったケースです。

もっと大変なのは、「三番の歌詞《かし》は、当時の子どもたちがみんなで作ったんですよ。いいでしょぉ！」というケースです。

これらのケースについては、その校歌は、おそらく絶対《ぜったい》にコピーできません。その校歌を「作ること」に関わったすべての人々（著作者《ちょさくしゃ》）をさがし出し、さらに、もし亡《な》くなっていたら、すべての相続人たちをさがし出して、「全員の了解《りょうかい》」を得なければいけないからです。

では、どうすればよかったのかというと、その校歌が「作られたとき」に、その校歌の著作権《ちょさくけん》を、「契約《けいやく》」によって、学校や教育委員会に移《うつ》しておけばよかったのです。

このように、「作るときの契約《けいやく》」で失敗すると、後になって大きな問題が発生します。

「部品をふくむコンテンツ」の場合は「全員との契約《けいやく》」が必要

もう一つ注意しなければいけないのが、「部品をふくむコンテンツ」の場合です。

例えば、多くの「動画コンテンツ」の中には、音楽・写真・ナレーションなどのコンテンツが、「部品」としてたくさんふくまれています。

その動画コンテンツをコピーしたり送信したりする場合には、「全体」としての動画コンテンツと「部品」としての各コンテンツが、同時にコピー・送信されます。

つまり、「全体」の権利者《けんりしゃ》と「すべての部品」の権利者《けんりしゃ》たちの、全員の了解《りょうかい》が必要になるわけです（第6話でもお話ししましたね）。

このような場合にもやはり、その動画コンテンツが「作られたとき」に、後々の利用も考えて、すべての「部品」の権利者《けんりしゃ》たちと契約《けいやく》しておく必要があるわけです。

第29話

「訴《うった》えなくてもいい」が「何もしない」と自分を守れない

ここでは、「法律《ほうりつ》ルールを使いこなす」という分野の中の、二つ目のテーマである、「自分を守るための判断《はんだん》と行動」についてお話しします。

著作権《ちょさくけん》を侵害《しんがい》されたことで「かえって得をする」こともある

「著作権《ちょさくけん》を持っている」ということは、すでにお話ししたように、侵害《しんがい》（他人が無断《むだん》で使うこと）に対抗《たいこう》することについて、次の二つの意味を持っています。

第一は、他人が無断《むだん》で使おうとしている（著作権《ちょさくけん》が侵害《しんがい》されそうになっている）ときに、**事前に**「やめてくれ」と言うことができる——ということです。

また、第二は、無断《むだん》で使われてしまった（著作権《ちょさくけん》が侵害《しんがい》された）ときに、**事後**に、「警《けい》察《さつ》や裁判所《さいばんしょ》に訴《うった》えることができる」ということです。

両方に出てきた**「できる」**とは、「してもいいし、しなくてもいい」ということを意味しています。

ですから、自分が作ったコンテンツが、だれかに無断《むだん》でコピー・配布《はいふ》されたり、ネット配信されたりした場合でも、例えば、「それで有名になれたらうれしい」とか「多くの人々に知ってもらえるなら問題ない」と思うのであれば、警察《けいさつ》や裁判所《さいばんしょ》に「訴《うった》えない」という判断《はんだん》をしてもいいのです。

実際《じっさい》に、こういうことがありました。ドイツのある高校の卒業記念パーティーで、生徒の一人が、舞台上《ぶたいじょう》ですばらしいブレークダンスを披露《ひろう》しました。それを見ていた同級生が、彼《かれ》に無断《むだん》でそのダンスを撮影《さつえい》し、ユーチューブでネット配信してしまったのです。この行為《こうい》は、明らかに、著作権《ちょさくけん》（「伝えた人の著作権《ちょさくけん》」の一部である「演《えん》じた人の権《けん》利《り》」）を侵害《しんがい》しています。

しかし彼《かれ》は、相手の同級生を訴《うった》えたりはしませんでした。プロのダンサーではありませんし、別に問題ないと思ったのでしょう。

その後に何が起こったかというと、ネット上で彼《かれ》のダンスを見た自動車会社の

「フォルクスワーゲン社」から、「ぜひ我《わ》が社《しゃ》のテレビコマーシャルに出てください」と頼《たの》まれ、彼《かれ》は、大金をもらってテレビコマーシャルに出ることになったのです。

このように、他人の著作権侵害《ちょさくけんしんがい》によって（世の中の人々に広く知られることになり）かえって得をする場合もあるのです。

すでに有名になっている歌手・作曲家・小説家・写真家や、コンテンツで商売をしているソフト会社・レコード会社・映画《えいが》会社などは、著作権《ちょさくけん》を侵害《しんがい》されたら損《そん》をします。

しかし、実力はあるのにまだ世の中で評価《ひょうか》されていない（有名になっていない）ような、歌手や小説家などの場合は、むしろ無断《むだん》で使われて、世の中に広めてもらった方が、有名になるチャンスになるのです。

このように、「他人に無断《むだん》で使われる」と、「損《そん》する場合」もあれば「得する場合」もあるわけです。それなのになぜ、一般《いっぱん》には「無断《むだん》で使うこと自体が悪いことだ」とか「無断《むだん》で使われたら訴《うった》えるのが当然」と思われているのでしょうか。

それは、著作権《ちょさくけん》という社会のルール自体が、「すでに有名である人々」（無断《むだん》で使われたら必ず訴《うった》えるような人々）の主張《しゅちょう》や運動によって作られてきたからです。

「訴《うった》えなくてもいい」――訴《うった》えるなら「勇気」と「行動力」と「責任感《せきにんかん》」が必要

このように、「訴《うった》えることができる」という場合に、相手を「訴《うった》える」か「訴《うった》えない」かは、「本人の自由」です。

ですから、もし「許《ゆる》せない。断固《だんこ》たたかう！」と、判断《はんだん》するのであれば、「自分で警《けい》察《さつ》や裁判所《さいばんしょ》に訴《うった》え出《で》る」ことが必要です。「だれかが、なんとかしてくれればいいのに……」とブツブツ言っているだけでは、何も起こりません。

「まあ、面倒《めんどう》だからいいや」と思う人は、「訴《うった》えない」という判断《はんだん》をしてもかまいません。しかし、「訴《うった》えないことによって起きた結果」の責任《せきにん》は、判断《はんだん》した本人にあります。

逆《ぎゃく》に、「訴《うった》える」と決めた場合には、「訴《うった》えたことによって起きた、不愉快《ふゆかい》なことや面倒《めんどう》なこと」についても、自分で選んだことの結果なのですから、判断《はんだん》した本人が、責《せき》任《にん》を持って対処《たいしょ》しなければなりません。

「自分で判断《はんだん》して行動を決定」し、「その結果については、自分で責任《せきにん》を取る」というのが、「個人《こじん》の権利《けんり》」というものの本質《ほんしつ》だからです。

よく「中国では、日本のコンテンツが、たくさん無断《むだん》でコピーされている」といわれていますね。そうした無断《むだん》コピーは、なぜ、なかなかなくならないのでしょうか。

その原因《げんいん》は、一つしかありません。それは、「日本の権利者《けんりしゃ》たちが、中国で裁判《さいばん》をあまり起こしてこなかった」ということです。

中国のある遊園地では、日本やアメリカのアニメキャラクターによく似《に》た着ぐるみがたくさん使われており、それがテレビで紹介《しょうかい》されたことがありました。

そのとき、ディズニー社は、すぐに中国で裁判《さいばん》を起こしましたが、日本の企業《きぎょう》はすぐに裁判《さいばん》を起こしませんでした。だから、相手にナメられてしまうのです。

日本の企業《きぎょう》の中には、「政府《せいふ》がなんとかしてくれ」などと言っているところも少なくありません。しかし、著作権侵害《ちょさくけんしんがい》については「訴《うった》えるかどうかは、本人の自由」なのですから、本人が訴《うった》えなくては、何も起こらないのです。

また、かつて、雑誌社《ざっししゃ》の団体《だんたい》が政府《せいふ》に、「○○図書館のコピー行為《こうい》は、明らかに著作《ちょさく》権侵害《けんしんがい》だ。ウチの理事会では『訴《うった》えるべきだ』という意見もあったが、そんなことをして事を荒立《あらだ》てては、政府《せいふ》としてもお困《こま》りでしょう。だから、政府《せいふ》から指導《しどう》してやめさせてほしい」と言ったことがありました。

こうした「政府《せいふ》まかせ」の無責任《むせきにん》な態度《たいど》が、「役人に頼《たよ》る体質《たいしつ》」や「民主主義《みんしゅしゅぎ》の未熟《みじゅく》」を招《まね》いたのです。政府《せいふ》からの答えは、当然ですが、「どうぞ訴《うった》えてください」とい

わたしのつくったものが
無断でつかわれています！
けいさつ
裁判所《さいばんしょ》
警察《けいさつ》

うものでした。

自分の幸せを守るために、自分の「権利《けんり》」を行使するには、勇気と行動力と責任感《せきにんかん》が必要なのです。

事前に「侵害《しんがい》を防止《ぼうし》する努力」も必要

また、自分が作ったコンテンツを「無断《むだん》で使われたくない」と思う人は、「事後に訴《うった》える」だけでなく、無断《むだん》利用が行われる前に、それを「事前に予防《よぼう》する」ための努力をすることも必要です。

ときどき、「ネット上で自分のコンテンツを公開したら、無断《むだん》で使われた。著作権法《ちょさくけんほう》に問題がある」などと言う人がいますが、この意見は完全にまちがっています。この意見は、「カギをかけずに外出したら、泥棒《どろぼう》に入られた。刑法《けいほう》に問題がある」と言っているのと同じだからです。

刑法《けいほう》に書いてあることは、「泥棒《どろぼう》した人は、罰《ばっ》せられる」ということだけであって、「泥棒《どろぼう》が、絶対《ぜったい》に発生しないようにする」ということが、保証《ほしょう》されているわけではありません。

同じように、著作権法《ちょさくけんほう》に書いてあることも、「著作権侵害《ちょさくけんしんがい》をされた人は、相手を訴《うった》えることができる」ということだけであって、「無断《むだん》利用が、絶対《ぜったい》に発生しないようにする」ということは、保証《ほしょう》されていないのです。

ですから、「泥棒《どろぼう》」の場合も「著作権侵害《ちょさくけんしんがい》」の場合も、「被害《ひがい》にあいたくない」と思うのであれば、「自分で事前に、被害《ひがい》を防《ふせ》ぐ努力をすること」が必要です。

例えば「泥棒《どろぼう》」の場合、外出するときには「カギをかける」べきでしょう。「著作権侵害《ちょさくけんしんがい》」の場合は、(特にデジタル形式のコンテンツについては)「公園に自転車を置いておくこと」に似《に》ています。

公園に自転車を置いておく場合には、第一に「カギをかけておく」べきです。また、第二に「どこか見えにくい所に自分の名前を書いておく」ことが必要です。

カギをかけておけば、ある程度《ていど》は、盗《ぬす》まれるのを防止《ぼうし》できます。また、(犯人《はんにん》が見つけにくい所に)名前を書いておけば、後で「これは、盗《ぬす》まれたわたしの自転車です」ということを、簡単《かんたん》に証明《しょうめい》できます。

コンテンツの場合は、「コピーガードをかけること」がカギに相当し、「権利者《けんりしゃ》の情報《じょうほう》をうめこんでおくこと」が、名前を書いておくことに相当します。デジタル形式のコンテンツの場合は、両方とも比較的簡単《ひかくてきかんたん》にできることです。

第10話・第11話でお話ししたように、インターネットで送信するために「サーバーにアップロードする」ということは、「サーバー内にコピーを作る」ということですので、「コピーガード」をかけておくと、ネット配信も防止《ぼうし》できます。

こうした防止策《ぼうしさく》を使う人が増《ふ》えてくると、「コピーガードを無断《むだん》ではずす人」や「権《けん》利者情報《りしゃじょうほう》を無断《むだん》で消してしまう人」が出てきます。しかし、日本の著作権法《ちょさくけんほう》は、あらゆるコンテンツについて、「ガードをはずす行為《こうい》の防止《ぼうし》」や、「権利者情報《けんりしゃじょうほう》を消してしまうことの禁止《きんし》」を明記しています。

このような防止技術《ぼうしぎじゅつ》を「使う」か「使わない」かも、「本人の自由」であり、それは、「外出するときに、カギをかけるのもかけないのも本人の自由」というのと同じことです。

このように、「人々の幸せ」を実現《じつげん》するために、(政府《せいふ》が「規制《きせい》」によって一律《いちりつ》に禁止《きんし》するのではなく)個々人《ここじん》に対して「行使してもしなくても自由」という「権利《けんり》」があたえられている場合、「自分自身の幸せ」を実現《じつげん》するためには、「自分自身で努力する」ということが必要なのです。

撮影 HANAKO
コピーガード
権利者《けんりしゃ》の情報

第6章

「ルールを変える」ことを考えられるようになろう

~みなさんは「民主主義《みんしゅしゅぎ》」を使いこなせるか~

第30話

「未来のルール」を作るのはキミたちだ！

最後の第30話では、第4話でお話しした「三つの大きな分野」のうち、最後の「法《ほう》律《りつ》ルールを変える」ということについて、お話しします。

すべての「法律《ほうりつ》ルール」は実は「時代遅《おく》れ」

くり返しお話ししてきたように、日本は「民主主義《みんしゅしゅぎ》」の国ですので、法律《ほうりつ》ルールは、「国会での多数決」によって、作ったり変えたりすることができます。

また、国会を構成《こうせい》する「国会議員」は、国民が選挙で選びますので、多くの国民が「この法律《ほうりつ》ルールは、このように変えるべきだ」と思えば、選挙を通じて法律《ほうりつ》ルールを変えることができるのです。

著作権法《ちょさくけんぽう》について、よく「今の著作権法《ちょさくけんぽう》は時代遅《おく》れだ」と言う人がいますが、仮《かり》にそうだとしても、それは、著作権法《ちょさくけんぽう》に限《かぎ》ったことではありません。

他国の人々と比《くら》べても、性格《せいかく》が極《きわ》めて「マジメ」であり、また、多数決よりも人々の「合意」を重んじる日本人は、非常《ひじょう》に長い時間をかけて、法律《ほうりつ》を作ったり変えたりします。このため日本では、「法律《ほうりつ》が制定《せいてい》・改正されたときには、すでに時代遅《おく》れ」ということが、よく起こるのです。

ですからみなさんは、「今ある法律《ほうりつ》ルールは（著作権法《ちょさくけんぽう》に限《かぎ》らず）すべて時代遅《おく》れだ」と思ってまちがいありません。

その「今ある法律《ほうりつ》ルール」を、「新しい時代」に合わせて「変えていく」のは、みなさんの役割《やくわり》です。大人になったら、みなさん自身が、世の中のあらゆることに関心を持って、今の法律《ほうりつ》ルールの内容《ないよう》を学び、「どこをどう変えるべきか」について、それぞれの意見をしっかり持ってください。それが日本の民主主義《みんしゅしゅぎ》を守るのです。

「宿命的な対立構造《こうぞう》」が常《つね》にあるのが著作権《ちょさくけん》の世界

話を著作権《ちょさくけん》にもどしましょう。著作権《ちょさくけん》に関する法律《ほうりつ》ルールの最大の特徴《とくちょう》は、常《つね》に「宿命的な対立構造《こうぞう》がある」ということです。

コンテンツについて、「権利《けんり》を持つ人々」は、常《つね》に「もっと強い権利《けんり》」を求めます。逆《ぎゃく》に、コンテンツを「使う人々」は、常《つね》に「もっと自由に使える状態《じょうたい》」を求めます。

そうした対立が常《つね》にあるわけですが、これは、必ずしも、「相手よりもこちらがもうかるようにしたい」という「お金」の問題だけではありません。

音楽・映画《えいが》・ゲームなどのコンテンツについては、「作ることを商売にしている人々」も「コピーやネット配信を商売にしている人々」も、それぞれ、世の中の人々に対して、何らかの「貢献《こうけん》」をしています。

そのため、双方《そうほう》が、「我々《われわれ》は、こんなに世の中に貢献《こうけん》しているのだから、もっと優遇《ゆうぐう》されるべきだ」と思っているのです。

この「優遇《ゆうぐう》」が、「権利《けんり》を持つ人々」にとっては「より強い権利《けんり》をあたえられること」であり、「使う人々」にとっては「より自由に使えるようになること」なのです。

また、商売に関係ない一般《いっぱん》の人々は、第1話でお話ししたように、昔は著作権《ちょさくけん》にあまり関係しませんでしたが、今では、パソコンやインターネットを使って、「自分のコンテンツを作ること」や「他人のコンテンツを使うこと」が多くなりました。

そうした人々の間にも、常《つね》に、「より強い権利《けんり》か」「より自由な利用か」という対立があります。

著作権《ちょさくけん》以外の、教育や福祉《ふくし》などの問題については、多くの人々の間で方向性《ほうこうせい》が一致《いっち》しています。多くの人が、「より充実《じゅうじつ》した教育」や「より豊《ゆた》かな福祉《ふくし》」という、「同じ方向」に向かおうとしているからです。

しかし著作権《ちょさくけん》の分野だけは、こうした「宿命的な対立構造《こうぞう》」が、常《つね》にあるのです。

そのような対立がある場合にこそ、「日本では『民主主義《みんしゅしゅぎ》』は機能《きのう》するのか」ということが問われます。なぜなら、「民主主義《みんしゅしゅぎ》」とは、「人々の間に対立がある」ということを前提《ぜんてい》としたものだからです。

今の大人たちは、まだ「民主主義《みんしゅしゅぎ》」をよく使いこなせていません。前にお話ししたように、長い間「みんな同じ心を持っているはずだ」（対立はないはずだ）という文化にひたりきってきたからです。

そのような文化のために、「対立の存在《そんざい》から目をそむける」とか「少数派《しょうすうは》を『空気を読まない』などと言って批判《ひはん》する」とか「対立を乗《の》り越《こ》えるための建設的《けんせつてき》な議論《ぎろん》が苦手」といった傾向《けいこう》が、強く見られます。

しかし、特に著作権《ちょさくけん》のような、「常《つね》に対立があるのが当たり前」という分野については、そうした態度《たいど》ではダメなのです。

著作権《ちょさくけん》に関わる大人たちの多くは、「権利《けんり》を持つ人々」も「使う人々」も、「自分たちが正義《せいぎ》だ」「相手は悪だ」と言い合っています。しかし、みなさんは、そうした独善《どくぜん》的《てき》な意見にまどわされず、自分の頭でしっかりと「将来《しょうらい》の日本は、どうしたらいいのか」を考え、「民主主義《みんしゅしゅぎ》を使いこなせる」ようになってください。

「目標」は「人々の幸せ」であり「法律《ほうりつ》」は「手段《しゅだん》」にすぎない

例えば、「みんなが自由にコンテンツを使えるようにする」ことで、「日本人全体が幸せになれる」と多くの人々が思うなら、著作権《ちょさくけん》の保護《ほご》などやめればいいのです。

権利者側《けんりしゃがわ》の大人たちの中には、「他人のコンテンツを大切にする心が大切」などと言う人がいますが、これはウソです。「自分たちにとって有利な状況《じょうきょう》を作りたい」と思う人々が、「ルールの問題」を「心の問題」にすりかえているだけです。

世の中のあらゆることは、「目標」と「手段《しゅだん》」に分けて考えてください。「目標」を達成するために、「手段《しゅだん》」を選んで実施《じっし》するわけですね。つまり、価値《かち》があるのは「目標の達成」であって、「手段《しゅだん》」には価値《かち》はないのです。

あらゆる「法律《ほうりつ》ルール」「制度《せいど》」「政策《せいさく》」などは、単なる「手段《しゅだん》」にすぎません。価値《かち》を持つ「目標」は、「人々が幸せになる」ということです。

ですから、「手段《しゅだん》にすぎない著作権保護《ちょさくけんほご》」そのものには価値《かち》はなく、「著作権《ちょさくけん》を保護《ほご》しない方が人々が幸せになれる」のであれば、保護《ほご》をやめればよいのです。

著作権《ちょさくけん》については、条約《じょうやく》という国際的法律《こくさいてきほうりつ》ルールがありますが、それは「外国のコンテンツを保護《ほご》しなさい」と決めているだけです。

つまり、日本のコンテンツを日本国内で「保護《ほご》するかしないか」、また、保護《ほご》するとしたら「どの程度保護《ていどほご》するか」ということは、日本人が（国会での多数決によって）自由に決定できるのです。

「自由と民主主義《みんしゅしゅぎ》」を使いこなせる大人になってください

著作権《ちょさくけん》ということばを聞くと、「無断《むだん》でコピーしてもよいのは、どんな場合か？」とか、「コンテンツをネット配信するときに、注意すべきことは何か？」などといった、

「細かいこと」に関心が向きがちです。

しかし、著作権《ちょさくけん》というものは、実は「みなさんが大人になったときに、日本人は、自由と民主主義《みんしゅしゅぎ》を使いこなせるのか?」——という、日本全体の将来《しょうらい》に影響《えいきょう》する「非常《ひじょう》に大きな問題」と、深く関係しているのです。

次の時代に生きるみなさんは、ぜひ、「自由と民主主義《みんしゅしゅぎ》を使いこなせる」大人になってください。

著作権の全体像

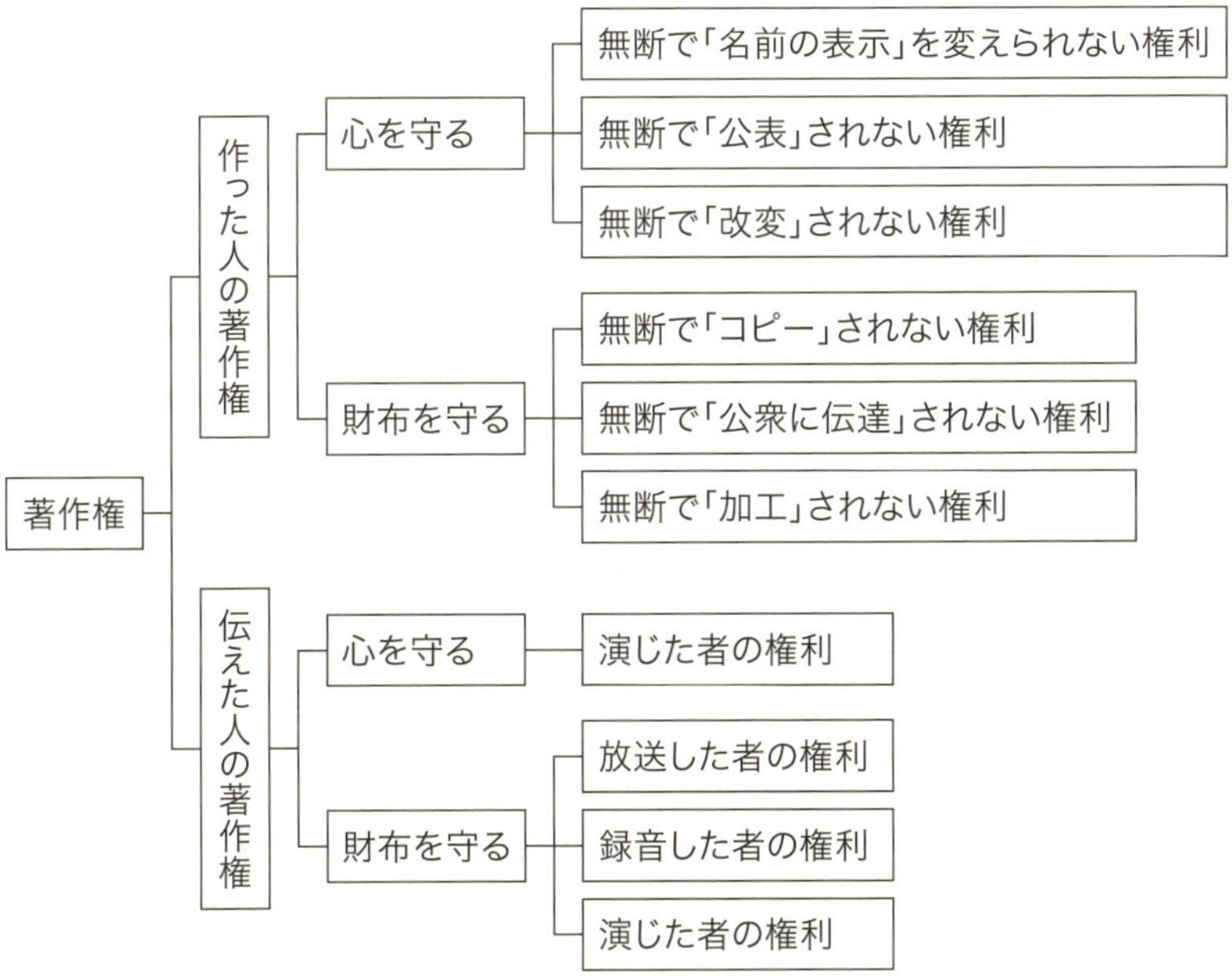
著作権
作った人の著作権
心を守る
無断で「名前の表示」を変えられない権利
無断で「公表」されない権利
無断で「改変」されない権利
財布を守る
無断で「コピー」されない権利
無断で「公衆に伝達」されない権利
無断で「加工」されない権利
伝えた人の著作権
心を守る
演じた者の権利
財布を守る
放送した者の権利
録音した者の権利
演じた者の権利

第7章

著作権《ちょさくけん》クイズ！

最後にオマケとして、復習《ふくしゅう》もかねてクイズを出しましょう。

◆問題

次の①～⑩について、正しいと思うものにはカッコの中に○を、まちがっていると思うものには×をつけてください。正解《せいかい》は、276ページにあります。

①（　）「万葉集」のような古いものをコピーする場合も、本来は、作者の子孫の了解《りょうかい》を得ないと著作権侵害《ちょさくけんしんがい》になる（実際《じっさい》には不可能《ふかのう》なので、みんなさぼっているだけ）。

②（　）「プロの人」が作った小説や音楽には著作権《ちょさくけん》があるが「小学生が書いた作文」や「小学生が作曲した音楽」には著作権《ちょさくけん》はない。

③（　）「モーニング娘《むすめ》。」が歌っていた曲を「AKB48」がカバーする（同じ曲を自分たちも歌って別のCDを発売する）場合には、「AKB48」は「モーニング娘《むすめ》。」の了解《りょうかい》を得なければいけない。

④（　）自分がとった「写真」をブログに掲載《けいさい》したら、他人が無断《むだん》でホームページ

のかざりに掲載《けいさい》した。しかし、自分が掲載《けいさい》した時点ですでに世の中にオープンにしてしまっているので、相手に文句《もんく》は言えない。

⑤（　）自分がとった「写真」を友だちにあげたら、無断《むだん》でブログに掲載《けいさい》された。しかし、写真自体をあげてしまったのだから、文句《もんく》は言えない。

⑥（　）絵が火事で焼けてしまった場合はその絵の著作権《ちょさくけん》もなくなる。

⑦（　）学芸会で「音楽の演奏《えんそう》」や「劇《げき》の上演《じょうえん》」をする場合にも本来は作者の了解《りょうかい》を得なければいけない（子どもたちがしていることなので作者が大目に見ているだけ）。

⑧（　）著作権《ちょさくけん》があるのは「©」というマークがついているコンテンツだけ。

⑨（　）コンサート会場で無断《むだん》で「録音」や「録画」をすると（自分自身が後で楽しむためだけであっても）著作権侵害《ちょさくけんしんがい》になる。

⑩（　）美術館《びじゅつかん》で無断《むだん》で絵を「写真撮影《さつえい》」したり、本屋で立ち読みしながら本の一部を無断《むだん》で「写真撮影《さつえい》」して、それを友人に「メール送信」すると、著作《ちょさく》権侵害《けんしんがい》になる。

◆解説《かいせつ》

正解《せいかい》は「全部×」です。

ここから先は、解説《かいせつ》です。カッコ内の第○○話というのは、この本の「第○○話で説明したことです」という意味です。

① 著作権《ちょさくけん》には「保護期間《ほごきかん》」というものがあり、古いもの（原則《げんそく》として、作者が亡《な》くなってから七十年を経過《けいか》したもの）は、著作権《ちょさくけん》が消滅《しょうめつ》して自由に使えます（第21話）。

② 著作権《ちょさくけん》はだれでも持てるので、「大人のプロ」だけでなく、「アマチュアの人」や「子ども」も権利者《けんりしゃ》になれます（第7話）。

③ 音楽について著作権《ちょさくけん》を持つのは「著作者《ちょさくしゃ》」（作詞《さくし》・作曲した人）です。この問題の場合、「モーニング娘《むすめ》。」も「AKB48」も同様に、著作者《ちょさくしゃ》の了解《りょうかい》を得てその人の曲を「使わせてもらっている立場」です。「AKB48」は「著作者《ちょさくしゃ》の了解《りょうかい》」を得ればよいのであって、「先に了解《りょうかい》を得た人」であるにすぎない「モーニング娘《むすめ》。」（その曲の著作権《ちょさくけん》を持ってはいない）の了解《りょうかい》を得る必要はないのです。

④世の中にオープンにしたからといって、著作権《ちょさくけん》がなくなるわけではありません。「図書館にある本」も「世の中にオープンになっている」ものですが、無断《むだん》でコピーすると著作権侵害《ちょさくけんしんがい》になる、というのと同じです。

⑤コンテンツが記録されている「物」を手放しても（売っても）、著作権《ちょさくけん》がなくなるわけではありません。また、それをもらった人（買った人）も、著作権《ちょさくけん》までもらったわけではありません。「本屋で本を買ってきても、著作権《ちょさくけん》を持つのは著作者《ちょさくしゃ》」なので、無断《むだん》でコピーすると著作権侵害《ちょさくけんしんがい》になる、というのと同じです。

⑥著作権《ちょさくけん》として保護《ほご》されているのは、「絵で表されている内容（表現）」で、絵という「物」ではありません。元の絵がなくなっても絵は著作権《ちょさくけん》で保護《ほご》されます。例えば、その絵の写真が残っている場合に、印刷して販売《はんばい》しようとしたら、その絵の権利《けんり》を持っている人から「コピー・譲渡《じょうと》する」ことについて了解《りょうかい》を得る必要があります（第6話）。

⑦著作権《ちょさくけん》の対象になっている「人々に伝える行為《こうい》」のうち、「音楽の演奏《えんそう》」「劇《げき》の上演《じょうえん》」など（送信はふくまれません）については、「もうけることが目的でない」「入場は無料」「出演者《しゅつえんしゃ》はギャラなし」という条件《じょうけん》が満たされれば、自由に行えます（第22話）。

⑧「©」というマークの有無《うむ》は、日本やヨーロッパでは、著作権《ちょさくけん》の存在《そんざい》とは元々無関係です。
これは、アメリカが「政府《せいふ》に登録しないと著作権《ちょさくけん》がない」という古い制度《せいど》を維持《いじ》していた時代に、日本やヨーロッパのコンテンツが「アメリカに持ちこまれたとき」に「アメリカで（登録なしで）保護《ほご》してもらう」ためのものでした。

今はアメリカでも不要になりましたので、多くの人が単に「習慣《しゅうかん》でつけているだけ」です（第7話）。

⑨自分が楽しむだけなら著作権侵害《ちょさくけんしんがい》にはなりません（第21話）。「テレビ番組の録画」と同じです。「録音録画禁止《きんし》」というのは、「主催者《しゅさいしゃ》が示《しめ》している入場条件《じょうけん》」であって、著作者《ちょさくしゃ》の著作権《ちょさくけん》とは無関係です。
そこで録音・録画したら「追い出される」でしょうが、それはあくまでも「主催者《しゅさいしゃ》」との関係であって、「著作権《ちょさくけん》を持つ著作者《ちょさくしゃ》」との関係ではないのです。

ただし、映画館内《えいがかんない》での録音・録画は（映画《えいが》業界だけを特別に優遇《ゆうぐう》するため）、著作権法《ちょさくけんほう》とは別の法律《ほうりつ》によって、違法《いほう》とされています（第21話）。

⑩写真撮影《さつえい》については、前の⑨と同じです（第21話）。「撮影禁止《さつえいきんし》」なのに撮影《さつえい》したら「追い出される」でしょうが、著作権侵害《ちょさくけんしんがい》にはなりません。メール送信については、

「相手が特定の一人」の場合には、著作権《ちょさくけん》はおよびません（第12話）。したがって、著《ちょ》作権《さくけん》については、「撮影《さつえい》も送信も合法」です。

さあみなさん、どれくらいできましたか。

できなくても、落《お》ち込《こ》む必要はありません。大切なのは、「すべてのルールを暗記している」という「知識《ちしき》」ではなく、必要な場面で「こういうときって、何かルールがあったよな」と思える「感覚」だからです。

その「感覚」さえ持っていれば、あとは本で調べたり、先生に聞いたりすればよいからです。

■著者　岡本 薫（おかもと・かおる）
元　文部科学省著作権課長・同学習情報課長

東京大学理学部卒。文部科学省の５つの課で課長職を歴任するとともに、内閣審議官（総理大臣タスクフォースのメンバー）として「ミレニアムプロジェクト：教育の情報化」を策定。また、主要先進国の代表で構成する「ストックホルム・グループ」のメンバーとして「著作権インターネット条約」の策定に主導的役割を果たす。2006年から2017年まで政策研究大学院大学教授。主著に『学校情報化のマネジメント』（明治図書出版）、『著作権の考え方』（岩波新書）、『教師のための「クラス・マネジメント」入門』（日本標準）など。

改訂版協力　上原 伸一（国士舘大学大学院客員教授）
装画　北村 人
本文イラスト　大沢 幸子
装丁・DTP　村上 史恵（朝日学生新聞社）
編集　佐藤 夏理（朝日学生新聞社）

小中学生のための 初めて学ぶ著作権　新装改訂版

2019年8月31日　初版第1刷発行
2021年7月31日　　　第2刷発行

発行者　清田 哲
発行所　朝日学生新聞社
〒104-8433 東京都中央区築地5-3-2　朝日新聞社新館9階
電話　03-3545-5436
http://www.asagaku.jp（朝日学生新聞社の出版案内など）
印刷所　株式会社シナノパブリッシングプレス

ISBN 978-4-909064-84-4
乱丁、落丁本はおとりかえいたします。
本書は、朝日小学生新聞2011年3月1日〜3月31日の連載を再構成し、2011年に発売した『小中学生のための 初めて学ぶ著作権』を2021年1月1日時点で施行されている著作権法改正までを採り入れて、内容を一部改訂し、装丁も新しくしたものです。